城市水业企业实用法律手册

童新朝 张海蓝 王霁虹
郝小军 商 秦 编著

中国建筑工业出版社

图书在版编目(CIP)数据

城市水业企业实用法律手册/童新朝等编著.—北京：中国建筑工业出版社,2009
ISBN 978-7-112-10800-8

Ⅰ.城… Ⅱ.童… Ⅲ.城市供水—企业—法律—中国—手册 Ⅳ.D922.291.91-62 D922.181-62

中国版本图书馆CIP数据核字(2009)第031412号

城市水业企业实用法律手册
童新朝 张海蓝 王霁虹
郝小军 商 秦 编著

*

中国建筑工业出版社出版、发行（北京西郊百万庄）
各地新华书店、建筑书店经销
北京千辰公司制版
北京市彩桥印刷有限责任公司印刷

*

开本：850×1168毫米 1/32 印张：4¾ 字数：136千字
2009年6月第一版 2009年6月第一次印刷
印数：1—2500册 定价：**12.00**元
ISBN 978-7-112-10800-8
(18036)

版权所有 翻印必究
如有印装质量问题，可寄本社退换
(邮政编码 100037)

本书根据城市水业知名企业与律师事务所丰富经验以及对行业法律知识的深度了解，对业内各类企业在项目投资运作流程的各个环节（包括投资决策、项目招投标、前期谈判、合同约束、项目融资、建设运营、项目移交等）以及期间可能涉及的各种法律问题（如特许经营协议、争议的解决方案等）进行司法解释，为行业相关企业提供法律方面的实战分析和技巧，帮助企业认识并有效规避在投资——建设——运营过程中出现的外部风险。同时，本书还从法律角度对当前中国水行业中受到关注和争议的固定回报、维权、自律等问题进行了讨论。

* * *

责任编辑：俞辉群
责任设计：郑秋菊
责任校对：安　东　王雪竹

编委会成员名单

主　编：童新朝（北京市中咨律师事务所）

成　员：（排名不分先后）
张海蓝：品诚梅森（英国）律师事务所
王霁虹：北京市万商天勤律师事务所
郝小军：金州环境集团有限公司
商　秦：北京首创股份有限公司

审　核：傅涛（清华大学水业研究中心）

组织单位：中华全国工商业联合会环境服务业商会

序

　　城市水业脱胎于传统的市政公用服务体系，是市政公用服务走向产业化的一种形态。城市水业所提供的供水和污水服务由于其自然垄断的经营特征，在其作为产业进入市场时，需要特有的制度体系来约束和保障。而这种制度体系在中国的探索与建设过程，我们称其为市场化改革。

　　城市水业的市场化改革是一种服务体系的制度重建，是一种在效率目标和可持续目标下的制度创新。因此需要一个复杂而漫长的过程，难以随着一项制度的发布而一蹴而就。这种复杂性体现在其改革过程中广泛的社会、经济、法律、管理以及技术的关联。

　　水业改革的实践伴随着政府的摸索、学术界的研究、产业界的实践。以住房与城乡建设部为主导的政府部门，5年来进行着以特许经营为代表的改革尝试；包括清华大学水业政策研究中心在内的专业服务于水业改革的研究机构，做了一些服务于改革的理论探索；而以环境服务业商会会员为代表的、在改革中成长的一批产业主体，则通过实践和构建了公共服务的市场模型。

　　在这三方面的主体之间，还有一支重要的辅助力量，那就是伴随着市场的需要成长起来的一批专业智力服务机构。他们以智力产业的服务形式为政府、投资人提供了财务、法律、政策、招标等专业服务，几乎活跃于所有的重点改革项目之中，他们也在具体服务中积累了丰富的经验。

　　这些经验不同于学术研究的理论论述，也不同于产业企业感性认识，它是对实践的系统感知。为了系统整理智力产业所积累的实践经验，服务于日趋深入的产业改革，全国工商联环境服务业商会和清华大学联合活跃在当前行业中的智力服务机构，着手撰写出版《环境产业市场化改革丛书》，陆续就法律、财务、产权、投融资等重要实践环节进行梳理。

这些梳理因为来源于实践，可能缺乏系统性，但是具有更强的可操作性，用之服务于政府机构和产业主体会更加有效，也能够为学术研究提供参考。

傅涛

二〇〇八年九月

前　言

随着人类社会的不断发展和进步，城市化、工业化速度不断加快，人口与日俱增，水基础设施能力不足、水资源短缺、水污染等问题日趋严重，影响了现代城市的发展。在中国，由于长期以来受"水资源取之不尽，用之不竭"的传统价值观念影响，水资源被长期无偿利用，人们的节水意识低下，造成了巨大的水资源浪费和水资源非持续开发利用。而事实上，中国是一个水资源非常短缺的国家，尽管水资源总量居世界第6位，但人均水资源占有量则仅为世界人均水平的1/4，世界排名第110位，被联合国列为13个贫水国家之一。在全国668座城市中，有400多座城市面临严重的水量型缺水或水质型缺水问题，年缺水量达到60多亿 m^3。目前，水资源危机不仅引发了各种生态环境问题，而且已经严重威胁到中国经济的可持续发展。合理开发、利用水资源，保护生态环境，维护人与自然的和谐，已经成为21世纪人类共同的使命，党的十七大报告第一次明确提出了建设生态文明的目标，并将水治理列为重中之重。

为了解决城市水业基础设施能力不足、运行效率低下的问题，以及日益严重的水资源短缺和水污染问题，中央和地方各级政府开始摸索城市水业的改革之路，以期通过引入市场机制等一系列改革，解决中国的各种水问题。在中央和各级地方政府相关部门的领导和推动下，中国展开了传统企业改制、水价改革、产权模式改革、政府企业合作模式改革、监管体制改革等一系列城市水业改革，其中以特许经营为主要形式的城市水业市场化改革是近年来中国城市水业中最为关注的话题并逐渐深入。

1995年，原国家计委、电力部、交通部发布《关于试办外商投资特许权项目审批管理有关问题的通知》，首次将城市供水厂纳入外资特许经营范围。1997年启动的成都自来水六厂BOT项目是中国的第一个水务特许经营国家试点项目,项目成功引入了国际著名水务投资人,虽然此项目因政府对购水量预估偏差造成了其他自来水厂运营困难,但该项目本身的建设、运营和管理是成功的,而且它确立了国内水务特许经营BOT项目融资的基本框架和模式,特别是"或取或付"、"定价调价"、"法律变更"、"终止补偿"等核心机制,成为后来水务特许经营项目的参照体系,开辟了水业特许经营制度的先河。2002~2003年,上海浦东供水厂网全系统引入国际投资人。法国通用水务公司受让上海市自来水浦东有限公司50%国有股权,成立集制水、输配、服务为一体的中外合作供水企业。该项目采用中外合作企业法规定的法律形式成立合作公司,经营期50年,而不是采用特许经营方式,因在法律上突破中方应对大中城市管网控股,而成为供水系统服务的代表项目。2004年,德国柏林水务公司以TOT方式获得合肥王小郢污水处理厂的经营权。以上三个项目,代表了当今水务市场发展的典型模式和案例。

自水业市场化改革以来,特许经营制度的建立、实施和兴起取得了丰硕成果;同时,中国城市水业的市场结构发生了巨变,大批的社会企业,例如国际水务集团、国内大型投资企业、传统的环保工程公司等开始进入城市水业领域,为公众提供供水或者污水处理服务。随着城市水业市场的不断发展,在中国城市水业发挥重要作用的各类市场主体(包括投资企业、运营服务企业、咨询服务企业等)联手发起成立了"中华全国工商业联合会环境服务业商会(以下简称环境服务业商会)",以期推动中国城市水业市场能够得到更好更健康的发展。

然而,任何改革都是在摸索中不断前进,同时也会出现各种各样的问题,引起各界的争议。而且,中国城市水业市场化改革中的法制建设是远远滞后于改革步伐的,很多单体项目在改革过程中都遭遇了不同类型的法律问题。2004年2月24日,原建设部发布《市政公用事业特许经营管理办法》,使水业特许经营开始进入了有法可依的轨道，标志着中国特许经营开始进入一个新阶段。但水业特许经营项目投资额大，特许期长，且对法律制度、监管制度、行政管理制度、公众参与制度、环境制度要求都非常高，其中涉及的法律风险、财务风险、技术风险、政治风险、公众风险等，环环相扣，互相牵制，需要深思熟虑的法律结构，严谨的合同条款，才能平衡和控制好风险，确保项目顺利建设、运营和移交。因此，如何开展特许经营项目，如何平衡和控制风险，实际操作中如何进行，项目中途出现问题如何解决、项目完成后又如何监管，这一系列问题摆在政府、企业和公众面前，成为参与各方关注并亟待解决的问题。

2007年9月，四平市政府在合资运营项目中多次违约并严重侵犯合资方利益的事件引起了业界和媒体的高度关注，水业市场化改革项目中的法律问题也引起了业内企业以及其他各界人士的关注。为此，环境服务业商会发起了关于城市水业市场化改革中法律问题的讨论，并筹建"环境服务业商会法律工作委员会"。为了更好地帮助业内企业解答有关中国城市水业市场化改革中的相关法律问题，环境服务业商会特组织业内资深律师事务所和有关会员单位撰写《城市水业企业法律手册》。

本书的作者包括多年从事水务投资和并购法律咨询服务的资深律师和水务企业的法务专员，他们大多数都曾参与过重大水业投融资项目的咨询服务，包括中国第一个水业BOT试点项目的法律咨询服务，他们是城市水业特许经营制度改革的见证者和推动者。本书作者通过大量实际案例和实践经验，对水业特许经营制度的法律政策、市场制度、操作程序、行业规范、合同文本文件以及业界关注的焦点问题进行了详尽地阐述，旨在从法律角度对中国水业特许经营项目的开发及操作提供理论及成功实践经验的指导和帮助。

参与本书撰写的主要人员包括：
中咨律师事务所（童新朝、单娜、刘红梅）：第1章至第3章；

万商天勤律师事务所（王霁虹、谢颐、何帅领、肖延人）：第4章；

金州环境集团股份有限公司（郝小军、唐亮）：第5章；

品诚梅森（英国）律师事务所（方丽娟、敖青、周永强）：第6章、第8章；

北京首创股份有限公司（叶劲、商秦）：第7章。

中咨律师事务所童新朝律师负责对全书的统稿和修订工作。

中国城市水业著名的政策与市场专家、清华大学环境系水业政策研究中心主任，全国工商联环境服务业商会执行副会长傅涛博士、副秘书长钟丽锦博士及自律维权部主任刘晓明等同志对本书的策划、框架设计与组织撰写工作给予悉心指导和大力支持，在此表示衷心感谢！

对书中所存在的不足和疏漏之处，欢迎批评和指正，以进一步改进和提高我们今后的工作。

编者

2008年9月

目 录

第1章 城市水业企业法律制度框架 ………………………… 1
  1.1 法律基础知识 ………………………………………… 1
  1.2 水业法律制度综述 …………………………………… 9

第2章 城市水业企业特许经营法律事务 …………………… 21
  2.1 特许经营概念 ………………………………………… 21
  2.2 引入特许经营机制存在的问题 ……………………… 22
  2.3 引入特许经营机制的先决问题 ……………………… 24
  2.4 特许经营参与者条件 ………………………………… 28
  2.5 特许经营双方的风险防范 …………………………… 29
  2.6 特许经营程序 ………………………………………… 37

第3章 城市水业企业项目招投标法律事务 ………………… 42
  3.1 招投标或招商 ………………………………………… 42
  3.2 评标排名 ……………………………………………… 44
  3.3 谈判签约 ……………………………………………… 46

第4章 城市水业企业项目合同法律事务 …………………… 49
  4.1 特许经营合同 ………………………………………… 49
  4.2 合资/合作合同 ……………………………………… 65
  4.3 其他合同 ……………………………………………… 71

第5章 城市水业企业投融资法律事务 ……………………… 74
  5.1 企业投融资法律事务 ………………………………… 74
  5.2 企业财税法律事务 …………………………………… 80

第6章 城市水业企业项目执行法律事务 …………………… 82
  6.1 企业建设法律事务 …………………………………… 82
  6.2 企业运营法律事务 …………………………………… 91
  6.3 企业移交法律事务 …………………………………… 110

第7章 城市水业企业争议解决及纠纷处理法律事务……… 120
   7.1 当前水业企业面临的法律纠纷特点 ………………… 120
   7.2 争议的非诉讼解决方式 ……………………………… 121
   7.3 通过诉讼解决纠纷 …………………………………… 126
第8章 中国城市水业投资的热点问题………………………… 127
   8.1 固定回报 ……………………………………………… 127
   8.2 城市水业企业维权 …………………………………… 135

第 1 章 城市水业企业法律制度框架

1.1 法律基础知识

1.1.1 当代中国的法律渊源

1. 法律渊源释义

法的渊源是指法的源泉、来源、源头。法的渊源分类,根据法的载体不同,分为成文法渊源和不成文法渊源;根据是否经过国家制定程序,分为制定法渊源和非制定法渊源;根据是否表现于国家制定法律文件中的明确条文形式,分为法的正式渊源和非正式渊源。法的正式渊源是指以国家制定的规范性法律文件中的明确条文形式得到确认的渊源,主要是制定法;非正式渊源指那些虽具有法律性质和意义的准则和概念,但尚未在制定法中得到确认。

在中国,法的正式渊源是指由不同有权的国家机关制定或认可的,因而具有不同法律效力或法律地位的各种类别规范性法律文件的总称[①];法的非正式渊源则包括国家政策(尤其是中国共产党的各种大政方针政策)、习惯、学说、法理和判例等。本章中所称的当代中国的法律渊源是指当代中国法的正式渊源。

2. 当代中国的法律渊源

当代中国的法律渊源主要是指宪法为根本的各种制定法,包括宪法、法律、行政法规、地方性法规、经济特区的规范性文

---

① 参见,葛洪义主编:《法理学》,北京:中国法制出版社. 2007 年 2 月第 2 版,第 260 页。

件、特别行政区的法律法规、规章、国际条约、国际惯例等。

（1）宪法。宪法是中国的根本大法，拥有最高的法律地位与效力。它规定了当代中国根本的社会、经济和政治制度，各种基本原则、方针、政策，公民的基本权利和义务，各主要国家机关的组成和职权、职责等。宪法具有最高的法的效力，一切法律、行政法规和地方性法规及其他规范性文件都不得同宪法相抵触。宪法由中国最高权力机关——全国人民代表大会制定和修改，全国人大监督宪法的实施，全国人大常委会解释并监督宪法的实施，并对违反宪法的行为予以追究。

（2）法律。法律有广义、狭义两种概念。广义上讲，法律泛指一切规范性文件；狭义上讲，仅指全国人民代表大会及其常务委员会制定的规范性文件，在此处采用狭义法律的概念。在当代中国的法律渊源中，法律的地位和效力仅次于宪法。法律由于制定机关的不同可分为两大类：一类为基本法律，即由全国人大制定和修改的刑事、民事、国家机构和其他方面的规范性文件，如民法通则、民事诉讼法等；另一类为基本法律以外的其他法律，即由全国人大常委会制定和修改的规范性文件，如水法、环境保护法、水污染防治法、招投标法等。在全国人大闭会期间，全国人大常委会也有权对全国人大制定的基本法律在不同该法律基本原则相抵触的前提下进行部分补充和修改。全国人大及其常委会做出的具有规范性的决议、决定、规定、办法等，也属于"法律"类的法律渊源。

（3）行政法规。行政法规是指国家最高行政机关即国务院所制定的规范性文件，其法律地位和效力仅次于宪法和法律。国务院所发布的决定和命令，凡属于规范性的，也属于法律渊源之列。国务院制定的行政法规，不得与宪法和法律相抵触。全国人大常委会有权撤销国务院制定的同宪法、法律相抵触的行政法规、决定和命令。行政法规调整的范围包括为了执行法律而进行的国家行政管理活动中涉及的各种事项和宪法第八十九条规定的国务院行政管理职权的事项，如关于国家行政机关在行政管理活功中的职权、职责，国家行政机关在行政管理活动中同其他国家机关、社会组织、企业事业单位和公民之间的关系等，内容较为广泛。中国行政法规的名称，按照2001年11月国务院发布的《行政法规制定程序条例》第四条的规定为"条例"、"规定"、"办法"。例如，《城市供水条例》、《全国污染源普查条例》等。

（4）地方性法规、民族自治法规与经济特区的规范性文件。这三类都是由地方国家机关制定的规范性文件。

地方性法规是一定的地方国家权力机关，根据本行政区域的具体情况和实际需要，依法制定的在本行政区域内具有法的效力的规范性文件。根据宪法和1986年第二次修订的地方各级人民代表大会和地方各级人民政府组织法以及立法法的规定，省、自治区、直辖市以及省级人民政府所在地的市和经国务院批准的较大的市的人民代表大会及其常委会有权制定地方性法规。此外，地方各级国家权力机关及其常设机关、执行机关所制定的决定、命令、决议，凡属规范性者，在其行政区域内，也都属于法律渊源之列。地方性法规及其他规范性文件，在不同宪法、法律、行政法规相抵触的前提下才有效。中国的地方性法规，一般采用"条例"、"规则"、"规定"、"办法"等名称。例如广东省实施《中华人民共和国招标投标法》办法、《北京市城市基础设施特许经营条例》、《青岛市城市供水条例》等。

民族区域自治是中国的一项基本政治制度。根据宪法和民族区域自治法，民族自治地方的自治机关除行使宪法第三章第五节规定的地方国家机关的职权外，同时依照宪法和有关法律行使自治权。民族自治地方的人民代表大会有权依照当地民族的政治、经济和文化的特点，制定自治条例和单行条例，但应报全国或省级人民代表大会常委会批准之后才生效。自治条例是一种综合性法规，内容比较广泛。单行条例是有关某一方面事务的规范性文件，一般采用"条例"、"规定"、"变通规定"、"变通办法"等名称。民族自治法规只在本自治区域内有效。例如，《新疆维吾尔自治区市政公用事业特许经营条例》等。

经济特区是指中国在改革开放中为发展对外经济贸易，特别是利用外资、引进先进技术而实行某些特殊政策的地区。立法规定，经济特区所在地省、市的人民代表大会及其常务委员会根据全国人民代表大会的授权决定，制定法规，在经济特区范围内实施。1981年全国人大常委会授权广东省、福建省人大及其常委会制定所属经济特区的各项单行经济法规。1988年全国人大授权海南省人大及其常委会制定在海南经济特区实施的法规。1992年全国人大授权深圳市人大和深圳市政府分别制定法规和规章，在深圳经济特区实施。例如，深圳市人大制定了《深圳市公用事业特许经营条例》。经济特区的这些规范性文件，是由全国人大及其常委会授权制定的，其法律地位和效力不同于一般的法规、规章。立法法规定，根据授权制定的法规与法律规定不一致，不能确定如何适用时，由全国人民代表大会常务委员会裁决。因此，假如经济特区制定并适用的规范性文件与上一位阶的规范性文件有不同规定，并不一定因此而被宣布无效或撤销。

（5）特别行政区的法律。宪法规定，国家在必要时得设立特别行政区，在特别行政区内实行的制度按照具体情况由全国人民代表大会以法律规定。特别行政区实行不同于全国其他地区的经济、政治、法律制度，因而在立法权限和法律形式上也有特殊性，特别行政区的法律、法规在当代中国法律渊源中成为单独的一类。全国人民代表大会于1990年4月和1993年3月先后通过了《中华人民共和国香港特别行政区基本法》和《中华人民共和国澳门特别行政区基本法》。两部特别行政区基本法的第二条均规定，全国人大授权特别行政区依照基本法的规定实行高度自治，享有行政管理权、立法权、独立的司法权和终审权。

（6）规章。规章是行政性法律规范文件，从其制定机关而言可分为两种：一种是由国务院组成部门及直属机构在它们的职权范围内制定的规范性文件，部门规章规定的事项应当属于执行法律或者国务院的行政法规、决定、命令的事项。例如，建设部颁布的《市政公用事业特许经营管理办法》、《城市供水水质管理规定》等。另一种是省、自治区、直辖市人民政府以及省、自治区人民政府所在地的市和经国务院批准的较大的市的人民政府依照法定程序制定的规范性文件。地方政府规章可以就下列事项作出规定：为执行法律、行政法规、地方性法规的规定，需要制定的事项；属于本行政区域的具体行政管理事项。规章在各自的权限范围内施行。例如，《西宁市城市供水管理办法》等。

（7）国际条约、国际惯例。国际条约是指中国同外国缔结的双边、多边协议和其他具有条约、协定性质的文件。国际条约是当代中国法律渊源之一。全国人大常委会于 1990 年通过了《中华人民共和国缔结条约程序法》，其中规定中央人民政府即国务院，同外国缔结条约和协定，例如《中华人民共和国政府和俄罗斯联邦政府环境保护合作协定》；全国人大常委会决定同外国缔结的条约和重要协定的批准和废除；中华人民共和国主席根据全国人大常委会决定，批准和废除同外国缔结的条约和重要协定。同时还规定加入多边条约和协定，分别由全国人大或国务院决定；接受多边条约和协定由国务院决定。例如，全国人民代表大会常务委员会关于批准《联合国气候变化框架公约》的决定。国际惯例是指以国际法院等各种国际裁决机构的判例所体现或确认的国际法规则和国际交往中形成的共同遵守的不成文的习惯。国际惯例是国际条约的补充。中国国内法中还规定了国际条约和国际惯例的法的效力，如民法通则第一百四十二条规定，"中华人民共和国缔结或者参加的国际条约同中华人民共和国的民事法律有不同规定的，适用国际条约的规定，但中华人民共和国声明保留的条款除外。中华人民共和国法律和中华人民共和国缔结或者参加的国际条约没有规定的，可以适用国际惯例。"

1.1.2 当代中国的法律部门

法律部门，或称部门法，是指以特定的调整手段与方式，对某一类社会关系进行调整的同类法律规范的总称。法学界对当代中国的法律部门的构成尚未有完全的共识。本书将依据较为公认

的标准,将中国法律划分为八大法律部门进行简要介绍①:

1. 宪法和宪法相关法

宪法是根本大法,在一国法律体系中处于核心地位。宪法规定国家的根本制度、社会制度、公民的基本权利和义务以及国家机关的组织与活动原则。宪法与其他一般法律具有共性,但又在地位、效力、内容以及制定修改程序方面都不同于普通法律。属于宪法部门的规范性文件主要有:(1)宪法及其修正案;(2)主要国家机关组织法;(3)选举法和代表法;(4)特别行政区基本法;(5)民族区域自治法;(6)公民基本权利法;(7)立法法和授权法;(8)其他附属法律。

2. 行政法

行政法是规定国家行政的组织和管理,调整国家行政管理活动中发生的行政关心的法律规范的总称。行政法涉及包括民政、治安、工商、文教、卫生、人事等较为广泛的范围,其调整对象包括国家行政管理体制、国家行政机关的权限、职责范围、活动方式和方法、行政管理活动的基本内容与原则、国家工作人员的选拔、使用、任免和奖惩等。行政法的基本内容包括三大部分:行政组织法;行政行为法;行政法制监督、行政救济与行政责任法。

3. 民商法

民商法法律部门是民法和商法两个调整平等主体之间的法律关系的法律部门的统称。民法是调整平等主体之间的财产关系和人身关系的法律规范的总称。商法则是调整公民、法人之间商事行为和商事关系的法律规范的总称。商法是民法中的一个独特的

---

① 2003年4月,吴邦国委员长在十届全国人大二次会议中指出,中国特色社会主义法律体系主要由宪法和宪法相关法、民法商法、行政法、经济法、社会法、刑法、诉讼与非诉讼程序法等7个法律部门组成。而由于晚近环境法制的发展,本章将环境法单列为一个法律部门。这种法律部门的区分也与部分法理学著作一致。参见,葛洪义主编:《法理学》,北京:中国法制出版社. 2007年2月第2版,第118页。

部分，是在民法基础上适应于现代商事交易的效率的需要而发展起来的一个法律部门。民商法法律部门所调整的平等主体之间的非权力性社会关系极其纷繁复杂，涉及社会生活的各个方面。这种非权力性社会关系可以分为财产关系和人身关系两大类。由于其直接关系到公民的切身的利益并会对社会经济产生深远影响，民商法法律部门备受各国立法尤其是市场经济高度发达国家立法的重视。中国民商法主要包括民法通则、物权法、合同法、知识产权法、婚姻法、继承法、公司法、票据法、破产法、保险法、海商法等具体的法律部门。

4. 经济法

经济法是调整国家宏观调控经济活动中形成的经济法律关系的法律规范的总称。经济法的调整对象主要可分为两类：一是调整市场个体的行为及相关法律关系，维护市场秩序并创造平等竞争环境，相应的法律主要有反垄断法、反不正当竞争法、反倾销与反补贴法等；二是调整国家宏观调控和经济管理行为及国家宏观调控与管理过程中的法律关系，相应的主要有财政、税务、金融、审计、统计、物价、技术监督、对外贸易和经济合作方面的法律。

5. 刑法

刑法是规定关于犯罪、刑事责任和刑罚的法律规范的总称。从体系上看，刑法部门的规范性文件主要包括，《中华人民共和国刑法》、关于刑法的6个修正案以及全国人大常委会的一些单行法律（如《关于惩治骗购外汇、逃汇和非法买卖外汇犯罪的决定》，创立了一个新罪名：骗购外汇罪，并扩充了2个罪的构成：逃汇罪主体为一切公司、企事业单位；非法经营罪客观方面包括非法买卖外汇的行为）。刑法对于惩罚犯罪、保护人权、保障国家统一和安全以及维护社会秩序和经济秩序都具有十分重要的意义。

6. 社会法

社会法是以社会普遍价值作为价值取向，为维持社会安定，促进社会和谐发展为目的而建立的法律部门。作为国家干预社会生活过程中逐渐发展起来的一个法律门类，社会法的调整对象包括劳动关系、社会保障、社会福利和特殊群体权益保障方面的法律关系。具体来说，中国的社会法包括劳动法与社会保障法两类规范。其中劳动法是调整劳动关系以及与之密切联系的其他社会关系的法律规范的总称，其调整的劳动关系主要包括劳动力交换关系、雇佣关系、劳动力市场的管理关系等。社会保障法是调整关于社会保险和社会福利关系的法律规范的总称。它主要包括劳动保险、失业保险、困难补助以及社会福利等方面的法律规定。

7. 程序法

程序法是指调整关于法律的实施及适用的程序方面法律规范的总称，其中包括诉讼程序法与有关的非诉讼程序方面的法律规定。中国的诉讼程序法主要包括民事诉讼法、刑事诉讼法及行政诉讼法及相关规定，其调整的对象是各种诉讼法（包括民事诉讼、刑事诉讼及行政诉讼）中产生的各种社会关系；非诉讼程序方面的法律规定则主要包括仲裁、调解、法律监督等方面的规定。

8. 环境法

环境法是指国家调整人们在开发与利用资源以及保护和改善环境的活动中所产生的各种社会关系的法律规范的总称。由于工业化带来的弊端日益显露，环境与资源问题逐渐成为社会的焦点，环境法作为国家规范人们的行为，进行环境与资源管理，保护和改善环境的重要手段和工具，已成为中国法律体系中一个独立的法律部门。环境法的调整对象是人们在开发利用资源、保护和改善环境的过程中所产生的各种社会关系，即环境社会关系。在当代中国，环境法主要包括自然资源法与环境保护法两类法律规范。自然资源法主要规制包括土地、水、森林、草原、与矿藏等自然资源的合理开发、利用、管理与保护；而环境保护法主要涉及对环境的保护以及对污染与其他公害的防治的相关规定。

1.2 水业法律制度综述

在了解了中国法律的渊源、分类和基础知识之后,将进一步介绍水业及其相关的法律制度。

1.2.1 政府管理部门

为了理解水业法律制度,首先需要了解制定和执行法律制度的政府部门和机构。

首先,制定基本法律的全国人民代表大会及各级地方人民代表大会,属于立法机构,并不行使对水业的具体管辖。其制定的基本法律,仅仅是纲领性的原则和框架,无法直接应用到水业的管理。真正对水业行使管辖,并且基于各种基本法律制定实施细则的是政府管理部门。

其次,需要知道管理水业的两个最重要的政府主管部门。由于历史原因,中国水业的政府主管部门分作两条线。一条是建设部及各省市对应的建设厅、局、科,统称"建设部门";另一条是水利部及各省市对应的水利厅、局、科,统称"水利部门"。前者主要负责大中城市的水业政策和法规的制定,管辖大中城市的管网、供水和排水企业。后者主要负责江河湖泊、流域、水库、水源相关的水业政策和法规的制定,管辖江河湖泊、流域、水库、水源及部分小城市(主要是县级及以下城镇)和农牧区的水网、供水和排水企业。近年来,随着城市化的发展,两大主管部门在管辖地域上有些交叉。一些原来的小城镇已经发展成为颇具规模的城市,但沿用历史制度,水利部门继续行使对这些城市水业的管辖。与此同时,随着农村城镇化建设的发展,建设部门正在逐步将管辖扩展到了乡镇,包括乡镇水网的建设和改造、乡镇供水、排水项目和企业。

除了这两个政府主管部门外,水业项目和企业在不同的阶段和领域还会涉及不同的主管部门,概述如下:

在项目的立项和审批阶段，首先需要发展改革、规划、土地、环境保护部门对项目进行审批。根据国务院办公厅关于加强和规范新开工项目管理的通知（2007年11月17日国办发〔2007〕64号），实行审批制的政府投资项目，项目单位应首先向发展改革等项目审批部门报送项目建议书，依据项目建议书批复文件分别向城乡规划、国土资源和环境保护部门申请办理规划选址、用地预审和环境影响评价审批手续。完成相关手续后，项目单位根据项目论证情况向发展改革等项目审批部门报送可行性研究报告，并附规划选址、用地预审和环境影响评价审批文件。项目单位依据可行性研究报告批复文件向城乡规划部门申请办理规划许可手续，向国土资源部门申请办理正式用地手续。

实行核准制的企业投资项目，也需要项目单位首先分别向城乡规划、国土资源和环境保护部门申请办理规划选址、用地预审和环评审批手续。完成相关手续后，然后向发展改革等项目核准部门报送项目申请报告。实行备案制的企业投资项目，项目单位则必须首先向发展改革等备案管理部门办理备案手续，备案后，分别向城乡规划、国土资源和环境保护部门申请办理规划选址、用地和环评审批手续。水业项目无论是政府投资还是企业投资，因涉及公众利益和基础设施，一般均实行审批制。

在项目的建设阶段，会涉及工程招投标。对招投标的管辖，各地的实践不一。可能是发改部门管辖，也可能是建设部门及其下属的招投标管理中心管辖。当涉及政府财政资金或者国际金融机构、外国政府贷款的项目时，还有可能是财政部门及其下属的政府采购中心管辖。

随着社会投资进入市政公用事业，近年来水业普遍引进了特许经营制度。目前，建设部门是水业特许经营的主导部门，制定了相应的管理办法和配套制度。水利部门管辖的地区和企业虽然也在逐步推行特许经营，但没有制定相关的部门法规。由于水业管辖分两条线，建设部门和水利部门各有各的规章政策，所以有时会碰到水利部门主管的项目和企业，对建设部门制定的特许经营法规时而采取拿来主义，参照执行，时而又采取实用主义，仅取其所喜欢的部分"摘要"使用。

水业项目运营的法律载体，以前都是"自来水公司"这类政府事业单位性国有企业。随着改革的发展，这类公司大都已经转制成为国有独资公司、有限责任公司或者股份有限公司。社会投资建设的项目，包括外商投资和民营资本建设的项目，以及特许经营项目，基本上采用有限责任公司的形式。公司设立、存续、关闭的管辖单位是各级工商管理局。

国有水业企业如进行转制、并购、挂牌交易、合资、上市、清算等，还需履行国有资产管理的程序，进行国有资产的评估，获得国有资产管理部门的批准。

外商投资的水业企业的设立、并购、存续、关闭和清算，除了工商管理部门的管辖外，在市场准入环节上的主管部门是发展改革部门，在设立和关闭清算的审批环节上是商务部及各省市对应的部门（商务局或者外经贸部门）。外商投资企业的形式，首先应当遵循外资法规定的独资、合资或者合作形式，其次应当满足公司法规定的有限责任公司的条件。

水业企业的运营和管理，涉及质量、许可、资质、规范、标准等。对于这些规范和标准，如果涉及环境，属于环保部门管辖；如果涉及饮用水质量和污水处理指标，属于建设部门管辖；如果涉及水源质量，属于水利部门管辖。关于对最终用户的服务质量，管辖部门还会涉及国家技术质量监督部门和消费者保护协会。

企业的财会和税务制度，其主管部门是财政部门、税务部门和审计部门。目前，中国的财会制度已经基本与国际财会制度接轨和统一。外商投资的水业企业，如果需要，可以使用外文记账和编制账目，但必须同时制作中文账簿。水业企业的税项分作国税和地税两个部分，因此国税和地税部门均将对企业的税务进行管辖。至于费用，可能分属不同的政府部门。例如，水资源费的收取归水利部门管辖，土地使用费（税）的收取归国土资源部门管辖。

外商投资的水业企业的财务制度，还涉及外汇，其管辖部门是国家外汇管理局及各地派出机构。如果外资企业需要进口设备和技术，还需受到海关部门和商检部门的管辖。

水业企业的服务价格，即水价或污水处理价，实行政府指导价。价格制定和调整的管辖部门在中央政府是发展改革部门中的价格司，在省以下政府则一般是单独设立的物价局、科。向用户收取的水费或者污水处理费价格如需要进行调整，还需要进行价格听证，同样受这些部门的管辖。

企业的劳动制度，主管部门是劳动和社会保障部门。无论是国有的事业单位改制，还是新设立的水业企业，其人员聘用和安置、劳动合同订立和解除、劳动待遇、社会保险缴纳、劳动仲裁等，都需要接受劳动和社会保障部门的监管和参与。外资企业中外籍员工的出入境、工作许可和居留许可，由公安部门管辖。

企业发生诉讼事项，一般按照合同约定或者法律关系由企业或者争议另一方所在地的法院管辖。如果发生仲裁，其管辖机构由已经存在的合同的仲裁条款指定，或者另行签订仲裁协议确定仲裁管辖机构。双方可以自由约定本地或者外地、本国、外国或者国际仲裁机构进行管辖。当然，内资企业没有必要选择外国或者国际仲裁机构管辖。企业如受到行政处罚或者对政府部门的决定有异议，可以申请行政复议或者行政诉讼。

总之，水业企业的方方面面，会涉及不同的或者交叉的政府管理部门，这里不再一一列举。凡事需要首先弄清楚政府的主管部门，了解其制定的法规，才能做到依法经营，履行法定义务，保护自己应有的权利。

1.2.2 相关法律法规

上述各个政府管理部门都在自己管辖的范围内制定了与水业相关的法律和法规，需要水业企业在不同阶段、不同领域予以遵守。以下仅列举部分较重要的、常用的中央级法规。

1. **基础性法律、法规**
- 《中华人民共和国环境保护法》,1989年12月26日施行。
- 《中华人民共和国水法》(2002修订),2002年10月1日起施行。
- 《中华人民共和国水污染防治法》(1984年5月11日通过,1996年5月15日修正,2008年2月28日修订),2008年6月1日起施行。
- 《中华人民共和国水污染防治法实施细则》,2000年3月20日起施行。

2. **规划、土地、环境评价法规**
- 《国务院办公厅关于加强和规范新开工项目管理的通知》(国办发〔2007〕64号),2007年11月11日。
- 《中华人民共和国城乡规划法》,2008年1月1日起施行。
- 《中华人民共和国城镇土地使用税暂行条例》(1988年9月27日发布),2006年12月31日修订。
- 《中华人民共和国土地管理法》(1998年6月25日通过,1998年8月29日第一次修订;2004年8月28日第二次修正并施行)。
- 《中华人民共和国土地管理法实施条例》,1999年1月1日起施行。
- 《建设项目用地预审管理办法》(国土资源部令第27号),2005年8月26日起施行。
- 《建设项目环境保护管理条例》,1998年11月29日起实行。
- 关于贯彻实施(建设项目环境保护管理条例)的通知(环发〔1999〕61号),1999年3月16日。
- 关于执行建设项目,环境影响评价制度有关问题的通知(环发〔1999〕107号),1999年4月21日。
- 《中华人民共和国环境影响评价法》,2003年9月1日起施行。
- 《关于加强建设项目环境影响评价分级审批的通知》[附件：国家环境保护总局审批环境影响评价的建设项目目录](国家环境保护总局文件环发〔2004〕164号)，2004年12月2日。
- 《国家环境保护总局建设项目环境影响评价文件审批程序规定》(国家环境保护总局令第29号)，2006年1月1日起施行。

3. **建设、招投标和政府采购的法律法规**
- 《中华人民共和国建筑法》，1998年3月1日起施行。
- 《建设工程质量管理条例》，2000年1月10日起施行。
- 《关于加强村镇供水工程管理的意见》(水农[2003]503号)，2003年10月29日起施行。
- 《农村饮水安全工程项目建设管理办法》(发改投资[2005]1302号)，2005年12月20日起施行。
- 《中华人民共和国招标投标法》，2000年1月1日起施行。
- 《房屋建筑和市政基础设施工程施工招标投标管理办法》(建设部令第89号)，2001年6月1日起实施。
- 《建设项目可行性研究报告增加招标内容以及核准招标事项暂行规定》(建设部第9号令)，2001年6月18日。
- 《建筑工程施工发包与承包计价管理办法》(建设部令第107号)，2001年12月1日起施行。
- 《工程建设项目施工招标投标办法》(国家发展计划委员会令第30号)，2003年5月1日起施行。
- 《房屋建筑和市政基础设施工程施工分包管理办法》(建设部令第124号)，2004年4月1日起施行。
- 《中华人民共和国政府采购法》，2003年1月1日起施行。

4. **特许经营法规**
- 《关于加快市政公用行业市场化进程的意见》，建设部2002年12月27日。

- 《市政公用事业特许经营管理办法》(建设部 126 号令)，2004 年 5 月 1 日起施行。
- 《关于印发城市供水、管道燃气、城市生活垃圾处理特许经营协议示范文本的通知》(建城 [2004] 162 号)，2004 年 9 月 14 日。
- 《关于加强市政公用事业监管的意见》(建城 [2005] 154 号)，2005 年 9 月 10 日。
- 《关于印发城镇供热、城市污水处理特许经营协议示范文本的通知》(建城 [2006] 126 号)，2006 年 5 月 22 日。
- 城市供水特许经营协议示范文本（GF—2004—2501）。
- 污水处理特许经营协议示范文本（GF—2006—2504）。

5. 公司法律、法规
- 《中华人民共和国公司法》，2006 年 1 月 1 日起施行。
- 《中华人民共和国公司登记管理条例》，2006 年 1 月 1 日起施行。
- 《公司注册资本登记管理规定》(中华人民共和国国家工商行政管理总局令第 22 号)，2006 年 1 月 1 日起实施。
- 《关于外商投资的公司审批登记管理法律适用若干问题的执行意见》(国家工商行政管理总局、商务部、海关总署、国家外汇管理局)，2006 年 4 月 24 日起实行。
- 《中华人民共和国企业破产法》，2007 年 6 月 1 日起施行。

6. 国有资产管理法规
- 《国有资产评估管理办法》，1991 年 11 月 16 日起施行。
- 《国有资产评估管理办法施行细则》，1992 年 7 月 18 日起施行。
- 《国有资产评估管理若干问题的规定》(中华人民共和国财政部令第 14 号)，2002 年 1 月 1 日起施行。
- 《企业国有资产监督管理暂行条例》，2003 年 5 月 27 日起实施。

- 《国务院办公厅转发国务院国有资产监督管理委员会关于规范国有企业改制工作意见的通知》(国办发〔2003〕96号),2003年11月30日起施行。
- 《企业国有产权转让管理暂行办法》(财政部第3号令),2004年2月1日起施行。
- 《关于企业国有产权转让有关问题的通知》(国资发产权〔2004〕268号),2004年8月25日施行。
- 《企业国有资产评估管理暂行办法》(国务院国有资产监督管理委员会令第12号),2005年9月1日起施行。
- 《关于企业国有产权转让有关事项的通知》(国资发产权〔2006〕306号),2006年12月31日起施行。

7. **外商投资法律、法规**
- 《中华人民共和国中外合资经营企业法》,1979年7月1日通过,2001年3月15日第二次修正。
- 《中华人民共和国中外合资经营企业法实施条例》,1983年9月20日国务院发布施行,2001年7月22日修订。
- 《中华人民共和国外资企业法》,1986年4月12日施行,2000年10月31日修订。
- 《中华人民共和国外资企业法实施细则》,1990年10月28日施行,2001年4月12日修订。
- 《中华人民共和国中外合作经营企业法》,1988年4月13日施行,2000年修订。
- 《中华人民共和国中外合作经营企业法实施细则》,1995年8月7日国务院批准,1995年9月4日对外贸易经济合作部发布施行。
- 《建设部城市市政公用事业利用外资暂行规定》(建综〔2000〕第118号),2000年5月27日起施行。
- 《指导外商投资方向规定》,2002年4月1日起施行。
- 《外商投资项目核准暂行管理办法》(中华人民共和国国家发展和改革委员会令第22号),2004年10月9日起施行。
- 《关于外国投资者并购境内企业的规定》(中华人民共和国商务部、国务院国有资产监督管理委员会、国家税务总局、国家工商行政管理总局、中国证券监督管理委员会、国家外汇管理局),2006年9月8日起施行。
- 《外商投资产业指导目录》(2007年修订),2007年12月1日起施行。

8. **运营管理法规**
- 《城市供水条例》,1994年10月1日起施行。
- 《国务院对确需保留的行政审批项目设定行政许可的决定》,2004年7月1日起施行。
- 《入河排污口监督管理办法》(水利部第22号令),2005年1月1日起施行。
- 《取水许可和水资源费征收管理条例》,2006年4月15日起施行。
- 《城市排水许可管理办法》(建设部令第152号),2007年3月1日起施行。
- 《城市供水水质管理规定》(建设部令第67号),2007年5月1日起施行。
- 《取水许可管理办法》(水利部令第34号),2008年4月9日起施行。
- 《生活饮用水水源水质标准》(CJ 3020—93)。
- 《城市污水处理厂工程质量验收规范》(GB 50334—2002)。
- 《城镇污水处理厂污染物排放标准》(GB 18918—2002)。
- 《地面水环境质量标准》(GB 3838—2002)。
- 《生活饮用水卫生标准》(GB 5749—2006)。

9. **产品质量和消费者保护法律、法规**
- 《中华人民共和国产品质量法》,1993年9月1日起施行。
- 《中华人民共和国消费者权益保护法》,1994年1月1日起施行。

10. 财务、税费、审计法律、法规
- 《中华人民共和国会计法》(1985年1月21日通过,1993年12月29日修正,1999年10月31日修订),2000年7月1日起施行。
- 《企业财务会计报告条例》,2001年1月1日起施行。
- 《企业会计准则—基本准则》(财政部令第33号),2007年1月1日起施行。
- 《企业财务通则》(财政部令第41号),2007年1月1日起施行。
- 《中华人民共和国营业税暂行条例》,1994年1月1日起施行。
- 《中华人民共和国增值税暂行条例》,1994年1月1日起施行。
- 《国务院关于调整进口设备税收政策的通知》,1998年1月1日起施行。
- 《全国人大常委会关于外商投资企业和外国企业适用增值税、消费税、营业税等税收暂行条例的决定》,1993年12月29日施行。
- 《关于污水处理费有关增值税政策的通知》(财政部国家税务总局),2001年7月1日起施行。
- 《国家税务总局关于从事污水、垃圾处理业务的外商投资企业认定为生产性企业问题的批复》(国税函 [2003] 388号),2003年4月9日。
- 《国家税务总局关于污水处理费不征收营业税的批复》(国税函 [2004] 1366号),2004年12月14日。
- 关于《中华人民共和国企业所得税法》公布后企业适用税收法律问题的通知(财政部、国家税务总局),2007年8月31日起施行。
- 《中华人民共和国企业所得税法》,2008年1月1日起施行。

- 《中华人民共和国企业所得税法实施条例》，2008年1月1日起施行。
- 《中华人民共和国审计法》(1994年8月31日通过，2006年2月28日修订)，2006年6月1日起施行。
- 《中华人民共和国审计法实施条例》，1997年10月21日起施行。

11. **外汇管理法规**
- 《中华人民共和国外汇管理条例》(1996年1月29日发布，1997年1月14日修正)，1996年4月1日起施行。
- 《国家外汇管理局关于外商收购境内土地使用权外汇登记有关问题的批复》(汇复〔2002〕156号)，2002年7月4日。
- 《关于加强外商投资企业审批、登记、外汇及税收管理有关问题的通知》(对外贸易经济合作部、国家税务总局、国家工商行政管理总局、国家外汇管理局联合制定)，2003年1月1日起施行。
- 《国家外汇管理局关于完善外商直接投资外汇管理工作有关问题的通知》(汇发〔2003〕30号)，2003年4月1日起施行。

12. **价格法律、法规**
- 《中华人民共和国价格法》，1998年5月1日起施行。
- 《城市供水价格管理办法》(国家发展计划委员会、建设部)，1998年9月23日起施行。
- 《政府价格决策听证办法》(国家发展计划委员会令第26号)，2002年12月1日起施行。
- 《排污费征收使用管理条例》，2003年7月1日起施行。
- 《水利工程供水价格管理办法》(国家发展和改革委员会，中华人民共和国水利部)，2004年1月1日起施行。
- 《水利工程供水定价成本监审办法（试行）》(国家发展和改革委员会，中华人民共和国水利部)，2006年2月1

日起施行。
- 《政府制定价格成本监审办法》(国家发展和改革委员会第42号令),2006年3月1日起施行。
- 《政府制定价格行为规则》(国家发展和改革委员会),2006年5月1日起施行。

13. 劳动法律、法规
- 《中华人民共和国劳动法》,1995年1月1日起施行。
- 《国企富余职工安置办法》(国务院令第111号发布),1993年4月20日起施行。
- 《中华人民共和国劳动合同法》,2008年1月1日起施行。
- 《中华人民共和国劳动争议调解仲裁法》,2008年5月1日起施行。

14. 诉讼和仲裁法
- 《中华人民共和国行政诉讼法》,1990年10月1日起施行。
- 《中华人民共和国民事诉讼法》(1991年4月9日通过,2007年10月28日修订),2008年4月1日起施行。
- 《中华人民共和国仲裁法》,1995年9月1日起施行。
- 《中华人民共和国行政处罚法》,1996年10月1日起施行。
- 《中华人民共和国行政复议法》,1999年10月1日起施行。

第 2 章 城市水业企业特许经营法律事务

2.1 特许经营概念

现在使用的"特许经营"一词源于法文 Concession，出现于 17 世纪，本意指从国家获得经营开发的特权。现代法文将"公用事业特许经营（Concession de service public）"作为固定的法律术语，指公用机构责成特定的实体（个人或者公司）承担运行服务职能并向使用者收费以获得收益的一种管理模式。

必须注意的是市政公用事业特许经营不同于商业特许连锁经营（Franchise），后者指获得统一的商号和遵守相同的经营模式的连锁经营店，与公用事业特许经营无任何关联。

《市政公用事业特许经营管理办法》第二条所作的定义是："本办法所称市政公用事业特许经营，是指政府按照有关法律、法规规定，通过市场竞争机制选择市政公用事业投资者或者经营者，明确其在一定期限和范围内经营某项市政公用事业产品或者提供某项服务的制度。"

中国使用特许经营来规范公用事业引入市场机制的做法是在经过多年调研并充分借鉴了外国的经验的基础上确立的。作为一个高度市场化的国家，美国在市政公用事业上采取的却是国有化的方式，即使存在私营化的行为，普遍采用的做法也是将设施租赁给投资者进行经营，项目资产的产权并不发生转移。相反，英国自 20 世纪 80 年代末开始对本国的公用事业全部实行了私有化，原来的国有公司也转化为私有公司。而法国介于美国和英国之间，法国实行的公用事业特许经营项目的特点是：（1）发展市政公用事业项目是政府的义务，但是政府没有财力做此项目；

(2) 即使政府有财力，其实施此类项目的效率太低；(3) 虽然可以将项目交给私人投资者特许经营，但最终的财产所有权归属政府；(4) 政府负责项目与社会公共利益的协调，不管项目多么私营化，公共服务的价格须由政府确定。法国的"特许经营"既鼓励了私人投资，又保留了政府的最终控制权，因而更加适应中国的国情。所以，中国对公用事业的改革，并未采取"私有"与"私营"的方式，而是实行特许经营。

2.2 引入特许经营机制存在的问题

目前，各地正在积极贯彻党的十七大关于深化改革的方针，依照建设部《市政公用事业特许经营管理办法》，对公用事业进行改革。同时，社会投资主体对参与市政公用事业特许经营项目积极性也很高。但是，在实施过程中，存在一些亟待解决的问题，主要包括：

2.2.1 不了解特许经营的理论和项目结构

现在，政府主管部门和领导都已经知道特许经营这个概念，知道这是市政公用事业引入市场机制的好方法。但对特许经营的理论和项目结构，即为什么采用特许经营而不是将项目一卖了之，政府、投资人和贷款人在项目中各自扮演什么角色，各自承担哪些风险和责任，怎样合理策划特许经营的结构方案才能保证项目招商成功，同时确保公共利益和政府履行管理职能，了解甚少。这使得政府在策划项目时往往根据以往的招商引资经验来设定条件，该承诺的不承诺，造成项目吸引力下降，或者不该承诺的给予承诺，增加政府的负担和风险。

2.2.2 政府和投资人信息不对称

特许经营的招商对象，不论是外资、民营甚至国营企业，一般都是市场上有经验的机构，而市政公用事业的各级主管部门才刚刚学习市场化的运作方式。双方在商务策划、财务分析、法律风险控制等各个方面，都不可同日而语。一些投资人往往利用政府的无经验，不合理地提出一些附加条件，或者将一些应由投资人承担的风险转嫁到政府方面，使得项目风险控制结构失衡，预后效果不佳。在信息不对称的同时，政府和企业也存在着权利的不对称，企业处在权利的弱势。政府权利强势和信息弱势的结合造成了部分项目的政府违约。

2.2.3 不清楚特许经营项目操作实务

由于多数地区和城市刚刚开始尝试特许经营，对这类项目的操作实务，包括方案设计，报批审核程序，合同条款（特许权协议），招标投标评标，谈判，签约，融资落实等，了解有限。有的照搬过去招商引资的方法（例如开出条件坐等投资人），有的照抄工程招标模式（例如设定标底，低价中标）。这样既没有注意发挥特许经营的内在吸引力，也没有考虑到特许经营招投标的复杂性，影响政府招商的成功率。

2.2.4 不了解特许经营制度下的监管机制和方法

把项目交给市场后，原来行业的一套管理办法，例如管人权、管财权的方式不能继续使用，但政府仍需为了公众利益对公用事业的服务质量、运营标准、价格等进行监管。政府需要建立新的方法，建立新的管理体制，才能适应市场化条件下的监管。

为了规范特许经营项目招标和运作，避免国有资产流失和原公用事业单位职工利益受损，保证转制后主管部门有效履行政府监管职能，保障社会投资人的合法投资收益以及特许经营企业的稳定运营，有必要了解特许经营的基本问题、商务结构、风险分析和操作实务，学习既有项目的经验和吸取他人的教训，从整体策划和实务操作上掌控项目。

2.3 引入特许经营机制的先决问题

在策划、实施公用事业引入特许经营机制时，首先需要解决目标和商务模式这两个先决问题。

2.3.1 目标

公用事业引入市场机制的目标、即改革要实现哪些目的，关乎改革的方向，直接影响对一个特许经营项目的决策和方案设计，必须首先解决。概括说，引入特许经营机制的目标包括政治目标、经济目标和社会目标。

1. **政治目标：**

公用事业改革的政治目标关系到体制改革，包括4项任务：(1) 贯彻落实中央关于在某些领域实行"国退民进"的方针；(2) 转变观念和投融资体制，改变公用事业只能由政府投资、国有单位负责运营管理的保守思想，鼓励各类所有制经济积极参与投资和经营，推进市政项目建设、运营的引入市场机制改革；(3) 打破垄断，引入竞争，改革价格机制和管理体制，实现投资主体多元化、运营主体企业化、运行管理引入市场机制，形成开放式、竞争性的建设运营格局；(4) 政府改变管理体制，从行业管理转向市场监管。

2. **经济目标：**

公用事业改革的经济目标关系到政府财政和投资人收益，包括两个层面：(1) 第一层面，开辟投融资新渠道，解决政府对公用事业投资资金不足的缺口，这是近期内许多地方政府的当务之急。(2) 更深层面，理顺成本和价格的关系，逐步减少或最终取消政府财政对公用事业单位及产品的补贴。实现更深层面的经济目标不可一步到位，需要有一个渐进的过程。

3. **社会目标：**

公用事业改革的社会目标关系到公众利益和更长期的发展，

包括四个要点：(1) 提高效率，改进服务和质量；(2) 提高公众关注度，建立公众参与机制；(3) 维护公共利益，实现社会和谐和可持续发展；(4) 建设资源节约型和环境友好型社会。

由于各地发展水平不同，各地政府对以上3个目标的关注和侧重有所不同。在经济发达地区，比如上海，由于并不缺少资金，往往把政治目标放在第一位；而在欠发达地区，特别是偏远的中小城市，大都以经济目标为第一位。在现阶段将经济目标放到第一位，希望引进外来投资加速公用事业发展，符合中国多数地区的经济发展水平。但是在把经济目标摆在第一位时，如果没有政治目标和社会目标的配合，可能会使公用事业引入市场机制的改革发生偏差。因此，3个目标之间的衔接和互动很重要，概括地说，应以政治目标为导向，经济目标为动力，社会目标为长远方针。对于投资人，虽然企业以追求利润为首要任务，但是参与水业这类公用事业项目，如果不能在以上3个目标上与政府协调同步，则很难赢得项目，或者虽然暂时拿到了项目但很难长期持续下去。

2.3.2 商务模式

特许经营的商务模式存在很多类型，以下是各地在推进公用事业改革、引入市场机制经常会遇到的一些词汇及其所代表的不同商务模式。

1. 招商引资

传统的招商引资方式，是由政府圈定一批项目，包括市政项目，召开推介会或请投资人前来洽商，签署意向书，然后坐等投资人落实。虽然市政公用事业引入社会投资人在大的概念上仍可划入招商引资的范畴，但公用事业项目涉及多方利益（政府、投资人、公众），建设、运营、收益和定价不是投资人自己能掌控的，不可能像普通的工业或房地产开发项目那样简单，只要签署了投资意向书，将项目交给了投资人，投资人即可以自行运作。所以，使用传统的招商引资模式发展市政公用事业特许经营项目并不合适。一些地方常年招商引资却引不来市政公用事业项目的投资人，或者虽然招到投资人，但政府未能事先周全地设定项目条件，给项目留下隐患甚至最终失败，就是由于模式选择失误。例如，合肥王小郢污水处理 TOT 项目曾作为当地政府的招商引资项目推出，但并未获得投资人青睐。后来政府采用特许经营招标，取得了成功。

2. **挂牌拍卖**

国有资产的转让需要通过挂牌和拍卖方式进行。但是，单纯的挂牌拍卖对公用事业改革并不合适。首先，公用事业关系到对公众的服务和政府监管，不可能一卖了之。当把一个水厂、污水处理厂、垃圾处理厂的固定设施卖出去以后，并不能自动建立符合公共利益和政府意愿的公用事业市场机制，也不能自动实现特许经营。其次，公用事业国有企业的转让定价也不同于普通的国有资产拍卖，价格如果定低了不符合国有资产管理法规，但如果定高了，反射回来的就是服务价格上升，老百姓要多掏腰包。所以，公用事业国有企业转让不能简单地追求高额转让价格，必须找到一个平衡的定价方式。最后，从政治、经济和社会目标平衡的角度，也不能简单地认为出价高者就应当赢得项目。对现有的市政公用事业项目进行转让，国有资产挂牌转让、拍卖只是其中的一个法定程序性环节，但它解决不了特许经营复杂的法律、财务和技术问题和风险控制问题。因此，简单地采用国有资产拍卖方式是不可行的。例如，湖南某市的自来水公司改制挂牌招、拍、卖，长期无人问津，有投资人前往商谈，最后也放弃，原因就是政府在挂牌拍卖时并没有制定能与市场接轨的特许经营商务和法律方案。

3. **转让股权**

一般国有公司股权转让与公用事业国有企业股权转让，两者从形式上看具有同一性，但从产品和服务看有很大差别。较之对待产销充分市场化行业的国有企业，政府对公用事业国有股权的处置需要格外谨慎和操心。首先，政府必须考虑公共安全和国家的法规政策。如果将公用事业企业的全部国有股权转让出去，会不会造成政府失控的局面。法律规定独立的水厂可以由外商独资，但是对管网则有限制，在大中型城市，要求中方必须对管网实施控股。然而，各个地方的政策可能有所不同，西部地区会宽松些，有些省市有可能更加宽松，例如贵州省，允许外商100%对管网公司控股。其次，股权转让的比例关系到当地政府改革的决心和力度，当地经济发展的水平，社会安定，以及公众的承受力。例如，对原来国有体制下的公用事业单位，是在总公司层面上还是在子公司层面上进行股权转让，原国有企事业职工怎样安置，定价和调价权等等，这些问题需要周密考虑。最后，还要看与市场的吻合程度，即供求关系。市场对本地公用事业项目投资的兴趣有多高，潜在投资人有多少，其专业背景和资金实力如何，将决定转让的格局和成败。另一方面，在特许经营制度框架之下转让城市水业服务公司的国有股权，还需要在有限产权的约束之下，系统考虑政府对所转让的股权及关联资产的收回方式。所以，关于是否保留国有股权，保留多少，如何回收，其方案设计较其他行业的国有企业股权转让复杂得多。

4. BOT/TOT/PPP/LOT

这些是市政公用事业引入市场机制最常见模式的英文缩写。BOT指建设—运营—移交；TOT指移交—运营—移交；PPP指公私合办；LOT指租赁—运营—移交。还有其他各种变种，例如BOO，BOOT，BT等。成都自来水六厂BOT项目是中国的第一个水务BOT项目，项目成功引入国际著名水务投资人，虽然这个项目因政府对购水量估计偏差造成了其他自来水厂运营困难，但它确立了国内水务BOT项目的基本框架和模式，项目本身的建设运营和服务也是成功的。

总之，市政公用事业引入市场机制，可能会涉及前面提到的所有商务模式。一个项目，可能涉及国有资产转让，可能需要转让国有公用事业企业的股权，新项目可能需要BOT，已存的项目则可能要采用TOT，当仍想保留一部分政府的股权时，可能出现 PPP 的情况，为了合理安排财务，租赁也可能合并使用。但无论采取哪种模式，都应当统一纳入国家既定的政策和法律框架——特许经营。

2.4 特许经营参与者条件

2.4.1 法定条件

《市政公用事业特许经营管理办法》第七条规定了参与特许经营权竞标者的法定基本条件：
1. 依法注册的企业法人；
2. 有相应的注册资本金和设施、设备；
3. 有良好的银行资信、财务状况及相应的偿债能力；
4. 有相应的从业经历和良好的业绩；
5. 有相应数量的技术、财务、经营等关键岗位人员；
6. 有切实可行的经营方案；
7. 地方性法规、规章规定的其他条件。

2.4.2 适合的参与者

虽然从法律上看特许经营参与者的条件很宽松，凡是合法设立、有效存续、财务状况良好、配备所需人员的企业均可参与。但实践中，对参与者的选择需要慎之又慎。

既有水业运营管理经验又有投资能力的企业，主要是从事水务的国际知名公司和国内上市公司，是最理想的参与者。但这类企业在市场上为数不多，况且，这类公司一般关注发达地区和中心城市的大型项目，对边远地区、欠发达地区和中小规模项目不感兴趣。个别大城市的国有自来水公司改制后虽然规模和实力也不错，但一般都局限在原地投资和经营，尚未形成向全国各地扩张的趋势。

另有一些专门从事水业或市政公用项目的民营企业，其经验和投资实力有限,但积极进取,在一些本地项目上具有天时地利人和价格的优势,很有竞争力。

还有一些是建设工程公司和设备供应公司,它们的兴趣在于承揽工程项目和销售设备材料,对长期运营管理项目既无经验又无兴趣。对政府和公众而言,这类参与者风险最大。上海某污水处理 BOT 项目就是教训。该项目由民营建筑公司中标,但因其无水务建设运营经验,投标时报价过低,致使项目入不敷出,无法经营下去,只好将项目转让。

由于单个公司存在这样那样的局限性,需要采用联合体的形式。联合体有可能使各个参与者取长补短,形成联合优势。比如,一个具有雄厚资金实力的企业与一个仅有运营管理经验的企业相结合,就是一个很理想的联合体,既能解决资金投入问题,又能有效安全运营项目,对政府和投资方均是较好的选择。但是,如果一个建筑工程公司或设备供应商参加联合体并且在其中处于主导地位,则项目的稳定性和安全性将存在很大隐患。此外,联合体投标将给评标工作带来很多复杂性,而且对于政府来说,联合体在项目运营过程中往往稳定性差并且可控性较低,因此接受联合体投标在建设复杂、大型工程时才是比较好的方式。如果项目的建设规模小和工艺简单,最好考虑单个公司投标方式,但如果潜在投标人数量不足,则需放宽尺度,允许联合体投标。

因此,政府在选择投资人时应从项目的长远安全运营考虑,剔除短期行为的参与者。投资人也需要根据自己的情况,在不具备独立参与或者独立参与竞争力不高的情况下,合理组成联合体参与项目。

2.5 特许经营双方的风险防范

既然要引入特许经营机制,将水业推向市场,第一个任务就是要学会用市场的语言和思维来对待项目,即学会讲"风险"。

一项交易，只有考虑了风险及其分担和平衡，才能达成。投资者不考虑风险做项目，必然失败。政府如果不用"风险"语言和思维来与投资者对话，则很难将项目顺利推向市场。所以，学会用"风险"来考虑问题是走向市场的基本功。

2.5.1 市场风险

以下部分列举水业引入市场机制会遇到哪些风险问题，及其不同于国有体制下的解决和控制机制。

1. 服务中断或停运

水业关系到国计民生和公众利益，服务中断一天甚至几小时都会造成严重的社会问题，更不要说长期停运。对于投资人而言，中断或停运只是技术和财务风险，但对政府而言是政治和社会风险。所以，当政府把原先由自己完全控制的公用事业交给市场主体时，必须有措施确使经营者能够连续正常普遍服务，避免中断或停运的风险。湖南某市的水厂项目在实行改制后，民营投资者大量裁员，引起职工聚集堵住厂门不许开门，严重影响了水厂的运营和供水，最后只能由政府出面调停解决。

2. 质量或排放不达标

如果供水、排水的质量不达标，造成污染，将危及公众利益，引起公众的不满，进而造成社会问题，成为政府的风险。在原有的体制下，水业企业是政府的下属机构，人权和财权受政府控制，处理起来较简单，可以直接罢免国有公司负责人。但实行特许经营后，特别是在政府不控股的情况下，则无法按照原体制下的控制和处理方式。因此，政府要学会不同于原体制的风险控制方式，确保特许经营项目的服务达到标准。

3. 项目公司融资失败停止建设

在国家投资（包括中央政府投资、国债、地方政府投资、外国政府和国际金融机构贷款）的情况下，当项目建设过程中资金不够时，政府会想办法通过各种途径筹款，追加投资完成项目。引入市场机制后，项目投资主体同样会出现建设超支或资金不足的情况，例如投资人筹资无路，银行不给贷款，导致项目进行至一半搁浅，但这两种情况处理的方式是不一样的。国家投资时，政府有义务也有途径借钱，但特许经营后政府没有义务也不应当为项目公司融资，同时政府还有责任要求项目公司按时建成和运营，把项目建好。所以，政府和投资人都需要确保项目的融资来源可靠、可持续。

4. 服务费支付不足

在原体制下，政府要求自己所辖公用事业单位免费服务，或者国有企事业单位欠费是常有的事，解决起来也很简单，可能开个协调会，让财政挂账，内部解决。但面对特许经营项目公司，当服务费支付不足时，该公司不仅有权起诉，还有理由停止服务，这样就会把问题弄得很大，直接影响对公众的服务和社会稳定。所以，政府和投资人需要预先设定合适的机制，妥善应对欠费问题，避免酿成大的风险。

5. 价格低于成本

在原体制下，公用事业单位即使一直亏损也可以照常经营，因为背后有财政支持，只要职工工资正常支付，该单位就会照常存在和运营下去。但对于社会投资主体，如果价格低于成本，根本不会有人真正来投资。在长达几十年运营期内，成本会上升，如果限制调价，项目公司会无法支撑下去，项目的运营和服务也会中断。

6. 价格及公众承受力

现在多数地方公用事业服务价格和成本是倒挂的。如果政府想把价格和成本理顺，需要考虑公众的承受力法律规定，公用事业服务价格调价要开听证会，当公众意见反对时，无法进行调价。此外，国家宏观经济部门为了控制通货膨胀率，也会暂时限制调整公共服务产品价格。出现诸如此类情况的处理方式，政府财政有没有力量给予一种过渡性的补贴和支撑，这对政府和投资人都是一个风险点。

7. 建设延误和运营管理混乱

各地发展公用事业项目的时间表一般都会很紧，往往要求在某年某月甚至某日前新项目必须建成投产，否则可能会影响当地经济发展，甚至引起社会问题。在政府自己负责公用事业项目工程时，会采取各种手段来保证项目如期完成，或者即便未完工也可以暂时先投产。若社会投资主体出现延误的话，这些手段则不能随意使用，因为政府不能替投资人去完成项目，也不能强迫项目未完工就运营服务，否则政府将替投资人承担相关责任。因此，应当怎样控制延误的风险，怎样避免运营管理混乱，政府和投资人均需要预先设定好控制机制和解决方案。

8. 法律变更影响项目公司经济地位

在公用事业国有体制的情况下，法律制定人（政府）和企事业经营人（国有公司）是隶属关系，对于政府改变法律影响企事业经营收益，可以采用内部解决方式，或者挂账，或者由财政直接进行补贴。但是，在特许经营体制下，企业无论是国有、民营、外资、合资，都是独立的市场主体，需要独立面对市场风险，不可能像原先国有体制下的企事业那样，不计较政府法律变化造成的利益损失。所以，需要对法律变更的风险预先制定解决方案，对因法律变更影响企业利益给予补偿。同时，还应考虑法律变更对企业造成的利益影响是双向的，可能是损失，也可能是获益，例如税法和税率变动，可能更严更高，也可能更松更低。因此，简单地拒绝考虑对法律变更进行补偿，并非科学的解决办法。

9. 不可抗力造成项目停建或停运

在国家投资和国有体制下，出现不可抗力的情况，一般都是政府自己承担损失。但在社会主体投资的情况下，不可抗力的风险既不应由政府完全承担，也不应由投资人完全承担，而是需要合理分担。对无法分担的情况，需要通过保险解决。因此，不可抗力风险分担机制对政府是一个新的课题。

10. 国有化或政府回购

虽说现在引进市场机制，与国有化的趋势正相反，但并排除在未来几十年期间某个时间点上因为某个局势的出现可能需要将某些项目重新国有化，西方国家和发展中国家都发生过这种情况；或者在必要时政府对特许经营项目进行回购，国内有些特许经营项目在招标时就设定了政府回购的条件。对于这种风险，有远见的投资人以及贷款银行都会有所考虑，同样，政府也要考虑合理的风险解决方案，否则没人敢来投资。

11. 投资人转让项目公司股权

根据公司法，公司股东有权转让自己的股权。对特许经营项目，投资人若要转让项目公司股权，对政府有相当大的风险。首先，公用事业特许经营项目需要连续稳定经营，股东经常更换对公司经营管理可能产生不利影响。其次，特许经营项目需要专业的运营者，如果不限制股权转让，可能招来一批利用项目投机的炒家。最后，特许经营权具有双重的专属性，特许经营权在形式上是授给项目公司的，但在实质上是授给经过严格准入程序和甄选的特定投资人的。所以法律上特别规定，特许经营权不能转让。而政府为了控制上述风险，有必要限制项目公司的股东，特别是其中具有运营管理资质和经验并承担相关责任的主要股东随意转让股权，退出项目。但是，对于其他非主导股东，应当考虑合理的退出机制，这样有利于投资人组成联合体参加特许经营项目，发挥优势互补，增强竞争，对提高投资人的实力和质量有好处，最终会对项目、政府和公众有好处，兼顾了政府和投资人的利益。

12. 贷款银行要求实现债权

公用事业基础设施项目投资额大，回收期长，回报低但收益稳定。对于这类项目，投资人一般采用投入少量股本金，主要资金向银行借贷的方式安排融资结构。银行对项目的贷款将形成抵押或质押债权。银行是否有权利像对待普通的抵押、质押贷款项目那样，在还贷出现问题时行使抵押权人的权利，把项目拿去拍卖抵债，这对政府和投资人都是个新课题。因为公用事业项目关系一方百姓的生计，当地政府会阻止银行实现抵押权，致使银行债权人的利益得不到保护。这个风险不解决，银行不会给贷款，项目也就做不成。所以，政府和投资人需要对贷款安排和银行的债权制定合理解决方案，以便化解贷款银行的风险，保证项目可以获得贷款。

2.5.2 主要风险及其分配

"市场有风险，特许要谨慎"。以上仅仅列举部分风险问题，概括起来，特许经营的风险可以归为三大类。

1. 法律风险

法律风险关系到项目本身的合法性和在项目文件中确定的各方权利及义务的履行及其相互之间的平衡关系，可分为两个方面，一是单纯的法律问题，例如争议解决；二是从财务风险和技术风险转化来的风险，包括所有写入合同文件的财务和技术条款和附件，最后统一反映为合同义务。任何对合同义务的违反，均构成违约，构成法律风险。单纯的法律风险包括：

(1) 批准和许可
(2) 项目公司设立
(3) 不可抗力
(4) 法律变更
(5) 国有化或政府回购
(6) 争议解决
(7) 政府监管
(8) 特许期延期
(9) 国有产权转让
(10) 国有职工安置和补偿
(11) 公众投诉和参与
(12) 政府提供的服务及接口：土地、环境现状、电力、管道、运输和第三方延续处理

2. 财务风险

财务风险关系到项目投、融资的可行性及投资回报。项目投、融资的可行性，与政府惯常做的项目可行性研究不一样，它是市场上对该项目能投资、值得投、有人投、敢投、银行认可放贷等一系列问题的分析和认同。在国有投资体制下，项目可行性研究报告分为技术分析和经济指标预测两部分，其中关于未来经济指标的预测，与实际情况会有较大差距，在很多情况下不是"可行"，而是"可批"。造成这种情况有很多原因，最主要的是该可研报告是计划投资主导型的，是从总投资的角度出发和计算的，而投资人的财务可行性及投资回报分析是市场主导型的，是从最终实现的销售收入出发和计算的。财务风险包括：

(1) 政府投入（包括资金或实物资产，例如国债、土地等）
(2) 投资人股本金和流动资金
(3) 建设费用超支
(4) 银行贷款
(5) 外汇兑换（外资项目）
(6) 处理费
(7) 处理价格
(8) 调价机制和公式
(9) 特许期及投资回报
(10) 保证金：建设期保证金；运营与维护保证金；移交保证金
(11) 保险
(12) 终止补偿

3. 技术风险

技术风险关系到服务产品的时效、数量、质量和标准。一项服务或产品，不论是水厂还是污水处理厂，都存在供应或处理的时效、数量、质量、标准等技术指标和规范。这些指标和规范能否实现，如果发生偏差，将对服务质量和公共安全产生影响，这都是技术风险应该考虑和解决的问题。技术风险包括：

(1) 技术规范（国家强制性的要求）
(2) 设计标准（政府应该把关，在技术顾问和主管部门的协助下说明要求）
(3) 材料和设备选型
(4) 建设质量和工期
(5) 建设和运营环境保护，制定合理的规范和边界条件
(6) 服务和产品的供应（数量和质量）
(7) 运营管理及质量控制
(8) 紧急状况和事故处理

2.5.3 风险分配及其控制的原则

如何分担上述提及到如此多的风险是业界人士关注的焦点，根据国际和国内已有的项目经验总结，风险分配及其控制的原则可以概括为：一项风险应由最有资格能力控制该风险的一方承担。如果政府和投资人都能按照这个原则操作，那么风险是能够合理分配和分担的，协议是能够达成的，项目也会安全，政府可以放心，公众也会满意。反之，如果一方利用自己的强势迫使对方接受本应由自己承担的风险，在长达数十年的特许期中，不合理分配的风险会像弹簧一样反弹回来，反而让自己吃亏，严重时可能危及项目安全，进而危及各方利益。

2.5.4 风险承担方和基本分配

在公用事业特许经营项目中，风险承担方包括四方：
1. 政府：须承担监管（政治）、保护公共利益（社会）的风险；在政府负责向用户直接收费的情况下，还需承担购买服务/或取或付（财务）的风险；
2. 投资人：须承担建设、运营、技术、产品和服务质量的风险以及股本投入和融资风险；
3. 贷款人：须承担贷款回收的风险；
4. 用户：须承担涨价的风险。

2.6 特许经营程序

在实际项目中，当理解项目风险和风险分配机制之后，即可进入实务操作程序阶段。

2.6.1 组织和协调

政府最主要的任务是解决组织和协调问题，方案制定及其实施可交给咨询顾问完成，政府只需把关和决策。

1. 高层领导决策

在特许经营项目上，政府必定处于主导地位。特许经营项目要取得成功，关键是要有强有力的领导。在很多城市，虽然主管副市长分工负责公用事业领域，但因公用事业改革涉及公共利益和社会稳定，最终往往都是党政最高层亲自拍板决策。这是因为，市政特许经营项目往往涉及建设、公用、计划、国资、财政、环保等多个部门，主管市政或建设的副市长无法协调不归他管辖的部门，最后只好由最高领导决策，这无论从时间还是效率上来说都是不经济的。假如市长办公会能针对特许经营项目做出专门决议，授权主管建设的副市长全权负责项目并有权协调相关部门，就可以大大提高效率。

2. 主管部门

哪个部门牵头同样会影响项目能否顺利操作。正常情况下，都是由人民政府授权建设部门、公用事业部门来牵头，因其是公用事业行业主管部门，这样运作体制最顺。在有些地方可能出现建设部门、市政管理公用部门无法协调其他部门的情况，政府可能会指派发改部门去牵头，因为发改部门具有协调各部门的地位和职能。还有些地方由政府的国资委或其所属投资公司负责牵头，主管部门成了配角，这会对项目操作带来许多不便和障碍。

3. 特许经营方案

由于需要与市场接轨，特许经营方案的制定与计划经济体制做项目和政府做科研有很大不同。对于特许经营项目，政府需要从市场角度、用风险思维的方式，形成一个详尽的、可以为政府、投资人和公众接受的特许经营方案，解决前面所提到的所有风险、项目边界条件以及组织协调等重大问题，并将有关原则贯彻落实到项目法律文件中。

4. 核心法律、财务、技术文件

特许经营项目的核心法律文件是特许经营协议，这是一个统领全局的文件，由政府或其主管部门与投资人（项目公司）签订。另外，还有一个供应或服务协议，此协议一般情况下由政府指定一个政府公司（例如供水项目可能是自来水公司）来签订。协议最好应由政府方面起草。有的地方政府因为自己不懂或图省事交由投资人起草，这是不妥的，对政府十分不利，对投资人也不一定有利，因为投资人起草的文件设定的对自己有利的条款，最后政府方可能无法兑现，反而使项目遇到障碍，反而损害投资人利益。宝鸡自来水公司改制合资项目的法律合同文件由投资人起草，最后宝鸡市政府无法履行，需要重新谈判修订文件，就是个教训。财务文件中最重要的是财务方案，需要作为特许经营权协议的附件。该方案由投资人制定，但政府需要审核，并且一定要清楚其内容，了解投资、成本构成、盈利水平、价格和调价、还贷期和盈利期等。此外，调价公式和终止补偿公式也是重要的财务附件。关于技术文件，政府应当制定技术规范与要求。除国家公布的规范外，政府还需要针对这些规范来描述对项目技术条件的具体要求。投资人则应制定技术方案，对政府的技术规范与要求做出响应并予以细化。

5. 聘请中介机构

以上列举的特许经营项目风险及其控制，超出政府熟悉的投资管理和经济知识，政府的体制也不允许仅为某个项目增加专业人员编制。但战略投资者会配备懂市场、懂投资、懂风险控制的专门人才。因此，建议政府聘请具有相关法律、财务和技术专业资格和经验的中介机构，帮助其制定特许经营方案和法律文件，

即以招投标的程序服务。如果政府不使用中介服务，不依赖专业顾问的项目经验和专业知识，在法律合同文本制定、风险控制和谈判上可能将无法与投资人匹敌。

选择中介机构标准也是非常关键的。传统的思维马上想到招标公司，甚至按照工程招投标的方式要求招标代理机构的资质级别。特许经营项目招标与工程招标尽管在程序方面类似，但其复杂程度远超过工程招投标，既不存在标底，也不能单以价格来论优劣，还有大量的风险分配问题以及需要履行长达 20~30 年的合同文件。所以，应当选择对公用事业特许经营招标或招商有经验的中介机构，一般应选择有同类项目经验的律师事务所或财务咨询公司。若选工程招标或采购招标公司，由于其并不了解特许经营项目的框架和风险问题，以及除了价格以外其他评价投资人的要素，在选择投资人时很难提出中肯的意见。而且，当政府委托了这类没有相关经验的招投标公司后，由于其不具备相关知识和技能，往往还需要另行聘请律师、财务顾问、技术顾问，甚至政策顾问，结果很可能抬高了政府需支付的咨询费用总额；或者虽然政府锁定了总费用，但招投标公司压低其他顾问的费用，结果在同等费用下政府获得的专业服务减少，质量降低。

中介费用的来源是政府比较关注的。在发达地区，政府对于聘请中介机构很重视，并有相关启动经费。但在欠发达地区，政府往往对聘请中介犹豫，关键是对中介付费感到为难。其实，特许经营项目需要政府投入很多人力物力才能办好，按照商业惯例，政府可以要求中标投资人承担这些费用，一次性向政府支付前期工作费用，此费用一般在几百万元到数千万元，包括招标、可研、勘察设计、环境影响评价、中介顾问费等。所以，如果政府聘用中介并预支中介顾问费，只不过是暂时垫付，最终还是转到投资人和项目上。公用事业项目投资大，运营期长，对于一个投资数千万元乃至上亿元、运营期为 20~30 年的项目，即使增加数百万元的中介费，通过财务模型计算其对服务单价的影响微乎其微。而一个有经验的中介可以为政府创造价值数

十、数百倍的回报，不仅能为政府争取到较低的服务单价，还会帮助政府控制风险、挑选高质量的投资商和运营商，使项目更加安全。

2.6.2 特许经营方案设计

好的项目首先需要好的方案。特许经营方案设计对政府实现其目标，合理分配风险，使项目能被市场接受，确保项目安全和公众利益，至关重要。

1. 制定人

项目主管部门和中介咨询顾问。政府需要在有经验的咨询顾问帮助下制定特许经营方案。咨询顾问应该是一个团队，包括法律、财务和技术专家。顾问在知识、能力和经验上应能与投资人匹敌，最好高于谈判对手。

2. 工作程序

草拟、讨论、汇报、修改、上报、批复。这是一个反复讨论和不断完善的过程，但在实施前必须获得政府的批复。未经批复的方案在操作过程中会因政府内部意见不统一而延误，甚至会因不同部门不同意见的掣肘导致项目流产。

2.6.3 方案结构和内容

包括五大部分：

1. 领导层面—明确谁负责，谁主管，谁牵头，领导小组的组成，工作小组的组成，中介机构的聘请。

2. 程序层面—明确选择特许经营者的程序，是招投标，竞争性谈判，还是包括招标和竞争性谈判的招商形式；明确评价方法和标准。

3. 法律层面—制定项目法律框架和合同框架；明确合同各方的主要权利和义务；分析和合理分配项目风险。

4. 财务层面—对项目提出内部财务测算，作为衡量投资人财务方案的重要参考依据；制定合理的调价公式、补偿机制。

5. 技术层面—明确政府对项目的技术要求和标准、项目范围、规模、建设工期、阶段、技术边界、环境标准。

方案设计完成并报政府主管部门批准后,即可进入招标文件编写阶段,并适时开展招标工作。

第 3 章　城市水业企业项目招投标法律事务

《市政公用事业特许经营管理办法》第八条规定，主管部门应当依照下列程序选择投资者或者经营者：

（1）提出市政公用事业特许经营项目，报直辖市、市、县人民政府批准后，向社会公开发布招标条件，受理投标；

（2）根据招标条件，对特许经营权的投标人进行资格审查和方案预审，推荐出符合条件的投标候选人；

（3）组织评审委员会依法进行评审，并经过质询和公开答辩，择优选择特许经营权授予对象；

（4）向社会公示中标结果，公示时间不少于 20 天；

（5）公示期满，对中标者没有异议的，经直辖市、市、县人民政府批准，与中标者（以下简称"获得特许经营权的企业"）签订特许经营协议。

以下将根据如上基本规定，介绍项目招投标的关键环节。

3.1　招投标或招商

《市政公用事业特许经营管理办法》第二条要求通过市场竞争机制选择市政公用事业投资者或者经营者；第八条要求在获得特许经营权的程序上政府须向社会公开发布招标条件，对特许经营权的投标人进行评审，初选公示无异议后方可与中标人签订特许经营权协议。这一程序基本上沿用了招投标法的规定，其要旨是竞争和公开。

然而，中国的招投标法在制定时基本上考虑的是建设工程招投标的需要，但特许经营招标要比工程招标复杂许多。首先，与工程招标不同，特许经营招标一般没有也无法设定标底。其次，特许经营项目招标无法像工程招标那样基本上锁定技术、法律和财务边界条件，只开放价格竞争；特许经营项目投标人的技术、财务和法律条件各不相同，很难单以价格论优劣，评标选出的不是中标人，而是排名；在评标后还要通过谈判确定中标人。再有，特许经营项目因时因地而异，其边界条件多且复杂，变数很大，其文件很难像工程项目一样高度标准化，评审时变量因素很多，其招投标时间比起工程招投标要长许多。最后，特许经营项目运营期长达数十年，不像建设工程项目两三年就能完工。合格的特许经营者一般是以运营见长的实体，或者至少应是运营商和投资商、建筑商的联合体，单纯的建筑商是很难胜任特许经营项目的。由于特许经营项目的门槛和复杂程度远高于工程建设项目，在市场上合格的实体远少于单纯的建筑商，时常会发生投标少于三人的情况。如果固守工程招投标的规则，往往会导致反复招标或流标，造成人力、物力和时间上的浪费。因此，允许采取不限于招投标的多种竞争方式选择特许经营者，是符合此类项目的性质和市场现状的，也是符合建设部要求通过竞争选择投资人的原则的。

北京市《特许经营条例》第十一条要求通过招标等竞争方式确定特许经营者并与之签署特许经营协议。北京的规定暗示可以采取不限于招标的其他竞争性方式。应当说，北京的规定更加符合实践。长江三角洲（长三角）地区在特许经营项目上一向采用招商形式而非招标，就是为了避免将其混同工程招投标。在实践中，采用招商而非招标形式选择特许经营者，是一种更可行的程序。对于只有两名投资人的情况，采用招商方式可以顺利转入竞争性谈判，招商不会因不足三名竞争人而停顿和延误。反之，在程序上设定为招标，并拘泥于工程招投标的程序性规定，一旦出现少于三名投标人的情况，将导致流标。所以，如果一开始即理解特许经营项目的特性，采用招商方式，同时预先在法律上设定从招标到竞争性谈判的转换机制，就可以避免走弯路，节省政府和投资人的时间和开支。

主张特许经营项目采用招商而非招标，并非排斥招标，而是为了采用更加灵活和宽泛的竞争方式，更加稳妥地选择特许经营者。实际上，招商的含义包括招标，但大于招标，可以涵盖公开招标、定向邀标、竞争性谈判等多种方式。在招商中，需要大量采用招投标法的程序规定和招标实践中行之有效的方法，例如公开公平公正原则、资格预审、开标、保函、专家评审、公示等。

3.2 评标排名

3.2.1 评标

特许经营项目因其复杂性，评标的体系和权重考虑与工程招投标有很大不同。虽然价格仍然是评标中最敏感的因素之一，但不是惟一决定的因素。在评标时，政府需要首先评价投标人的技术方案、财务方案和法律方案，只有在这三大方案均基本符合政府要求的条件下，才将转入对投标人的价格评审和打分。反之，如果投标人对招标文件中政府设定的技术、财务和法律条件未作实质性响应，其标书将被拒绝，根本无机会进入价格评审和打分阶段。

这种评标体系的优点是可以确保摈弃单纯以低价竞标、无技术无资金无法律保障的投资人，选择有利于项目安全、稳定运营的投标人，以降低政府的风险，均衡实现特许经营的政治、经济和社会三大目标。

具体的评标程序分为实质性偏离审查和打分两个阶段。

在第一阶段，评标委员会审查投标书是否对招标文件提出的所有实质性要求和条件做出响应。对关键条文的实质性偏离、保留或反对，例如对招标文件中的项目协议条款，包括有关特许经营期和范围、资产转让价款的支付方式、人员安置要求、履约保证金、违约金、终止补偿条款实质性变更偏离，没有按照招标文件要求提供投标保证金或者所提供的投标保证金有瑕疵，以及明显不符合招标文件的技术方案、融资方案、法律方案、财务方案，将被认为是重大偏差及未能在实质上响应，这类投标书将作废标处理。投标人不得在开标后通过修正或撤销不合要求的偏离或保留从而使其投标成为实质上响应的投标。

此外，还可能存在细微偏差，指投标文件在实质上响应招标文件要求，但在个别地方存在不完整的技术信息和数据，或者存在对招标文件非实质性要求的轻微不符合等情况，并且补正这些遗漏、不符合或者不完整不会对其他投标人造成不公平的结果。细微偏差一般不会导致废标，不影响投标文件的有效性。但评标委员会在详细评审时可以对细微偏差作不利于该投标人的量化。

对通过第一阶段评审的投标书，评标委员会将采用综合评分法进行打分。综合评分法的满分标准为100分，一般可按照以下比例分配到各个部分：

报价：30~40分

投标方案：50~60分，其中：

　　技术方案：20分

　　融资方案：10~15分

　　财务方案：10~15分

　　法律方案：10分

投标人资信、经验、实力和业绩：10分

以上各个部分的分值权重可以根据项目具体情况进行调整。对于价格敏感的项目，报价部分可以取高限40分，但一般不主张高于此限，否则将可能出现仅凭低价胜出的情况。

3.2.2 排名

上节提到，特许经营者的竞争选择程序比起工程招投标复杂，所以在评标时，不能简单地一次性确定中标人，而需要引入排名程序。所谓排名，即通过对投标人综合打分，以总分高者排名为先,一般不超过三名,即排名为前三名的投标人均可确定为"最具竞争力的投标人",亦称"中标候选人"。政府一般应首先与排名第一的投标人谈判,但如果谈判不顺利或者失败,排名第二和第三的投标人均有可能获得与政府方谈判的机会。

之所以不能一锤定音,直接选择中标人,是因为特许经营项目非常复杂,政府在制定招标文件时无法锁定所有条件,而且如果政府为了减少自己的风险而锁定某些条件,将导致投标人风险上升,最终反映为服务价格上升,违反公共利益和政府招标的初衷。所以,政府在招标文件中将留有口子,即某些条件是开放的、可谈判的。不同的投标人对风险有不同的承受力和敏感点,其在投标书中会对政府确定的开放和可谈判条件提出自己的解决方案,如果被政府接受,有可能降低其风险,从而降低服务价格,使得政府和公众获益,达成双赢的局面。

选定三名投标人入围而非以第一名直接中标,也是为了保持竞争的态势,给政府更多的选择,获得更好的条件。有时有的投标人有技术优势,有的有价格优势,有的有资金优势,但没有一个最理想的。此时,排名第一的投标人为争取中标,将努力优化和完善自己的投标方案,达成尽可能接近政府目标的结果。如果排名第一的投标人无法做到,排名第二、第三的投标人将进入谈判,给政府和投标人更多的机会,避免因与第一名未谈成造成招标失败。

选定最具竞争力的前三名投标人后,政府应当释放其他投标人的投标保证金。

3.3 谈判签约

政府将与排名第一的中标候选人作进一步的澄清性谈判,确认其投标文件条件。如果政府未能与排名第一的中标候选人达成一致,将依次与排名第二、第三的中标候选人进行澄清与谈判,直到选中可达成一致的中标候选人为止。被选作中标候选人的投标人在谈判阶段由于单方面坚持要求修改或收回其在投标文件中的实质性承诺并因此最终导致无法与政府达成一致的，政府有权兑取投标保证金。

当投标人不足三家时，可以按照实现设定好的程序，自动转入竞争性谈判（有两家时）或商务谈判（只有一家时）。政府将选择满足招商条件、具有竞争力的投资人作为中选候选人。但政府无义务必须选定一家投资人作为候选人。

应当注意，澄清性谈判不是放开条件从头谈起，而是基于招标文件设定的条件和投标书所做出的响应，仅对模糊和有歧义的条款进行澄清，对可谈判的条件进行商讨。在澄清性谈判中，政府不能随意变更招标的实质条件，正如投标人不能随意更改自己所作的响应，特别是政府不得让投标人重新报价或修订报价的条件。如果政府认为确有必要对招标条件做出修订，而且这种修订将影响价格，例如改变最低保证量，应当给予所有投标人同等的机会，即如需要重新报价，应要求所有投标人同时并且在严格保密的情况下重新报价，并重新计算其得分和排序。否则，将出现极大的混乱和不公平，可能引发法律纠纷，招致投标人投诉。通过澄清谈判，如果双方能达成一致，将锁定所有的条款条件，完成项目文件的文字修订，上报后等待政府主管部门对项目文件的审批。在项目文件在获得政府主管部门批准后，该中标候选人将作为中标人予以公示。公示期满，政府将向中标人发出中标通知书，双方将将行项目文件草签。如果中标人未能按草签的协议正式签订项目协议及其附件，则政府可以撤销授标，兑取其投标保证金。

中标人将根据中标通知书和草签的项目文件，办理注册成立项目公司、融资、接收场地和前期工程等后续手续。之后，应在规定期限内，政府和项目公司正式签署项目文件，项目文件生效，项目公司提交履约保证金。直到此时，招标程序才算完成，政府将解除未中标人的投标保证金。

之所以将其他投标人的保证金保留到最后，是因为从草签到正式签约期间，仍然存在变数，中标人有可能因法律或者财务障碍无法设立项目公司，或者虽然设立了项目公司但无法完成融资，在这种情况下政府不应轻易等待予以延期，因为该中标人有可能最后无法克服障碍，无法对项目进行投资和建设运营，导致项目招商失败。所以，政府应留有余地，一旦中标人出现前述状况，应立即转入与排名第二、三的投标人接触并在需要时与其进行澄清谈判。由于此时招标在法律程序上尚未结束，投标人将受招标文件和投标书的约束，招标可以继续进行下去。因此时投标保证金仍然有效，也将约束投标人的行为。

第4章 城市水业企业项目合同法律事务

4.1 特许经营合同

在城市水业特许经营项目中,特许经营合同的谈判乃重中之重。特许经营合同一般是由政府部门与投资人或专业服务公司所设定的项目公司签订的约定双方在特许经营项目的实施过程中的权利义务关系的协议。对于政府部门来说,特许经营合同的初期草签主体可以是获得特许经营权的投资人或者专业服务提供企业,在项目公司设立之后则需要正式与项目公司签订特许经营协议。

在采取特许经营模式实施的城市水业项目中,政府(或相关水务部门)与水业项目经营项目公司签订的特许经营合同构成整个城市水业特许项目的核心,双方的权利、义务、责任等都在特许经营合同中明确规定,特许经营合同是双方在整个项目建设和经营期间和日后移交时必须遵守的准则与依据。

建设部曾于2004年9月14日发布了《城市供水特许经营协议示范文本》(GF-2004-2501)。但需要指出的是,在法律上,示范文本只具有推荐使用的效力,并不具有强制执行力。即该示范文本只是合同相关各方在制定特许经营协议时的参考,且该《示范文本》主要体现了特许经营协议的原则性规定。各地在签订具体项目的特许经营协议时,还应当根据当地和具体项目的实际情况,对《示范文本》规定的原则性内容进行细化。该《示范文本》不影响或限制当事双方对协议的具体内容进行的自愿约定和协商。

在城市水业特许项目的签订过程中,应注意如下法律问题:

4.1.1 立项核准问题

立项核准文件由政府发展改革部门出具,是投资建设项目获得政府许可的惟一合法依据,是项目单位依法办理土地使用、城市规划、企业设立、施工建设、银行贷款及税收政策等手续的依据。立项核准文件直接影响到项目能否顺利实施,若立项核准文件存在问题,直接影响到投资者及项目建设单位在项目中承担风险的大小。

1. 超出立项核准机关的核准权限可能会导致特许经营合同无效。

在江苏省某市 $72000m^3/d$ 综合水质净化厂特许经营项目中,就被发现存在越权核准的问题。根据《江苏省政府核准的投资项目目录(2004年本)》第九条的相关规定,日处理 $72000m^3/d$ 的污水处理项目是由省级政府投资主管部门核准,即应由江苏省发展和改革委员会核准的项目。然而,根据项目方提供的资料,该项目只有苏州市发展和改革委员会核准文件。项目方因此提出了调整立项文件向省发改委报批的建议,最终使该项目的立项合法性问题得到解决。

2. 立项文件中项目建设规模、资金来源及工期等内容与实际操作不一致时,应依法及时进行调整。

项目已经核准,但在项目具体实施过程中对立项核准文件所规定的内容进行了调整变动,原立项文件中核准的资金来源、建设规模、投资概算、建设工期等内容在实际中发生变化的,根据《企业投资项目核准暂行办法》第二十一条的规定,项目建设单位应及时以书面形式向原项目核准机关报告,由原项目核准机关出具书面确认意见或要求其重新办理核准手续。否则,根据该办法第二十二条的规定,国土资源、环境保护、城市规划、质量监督、证券监管、外汇管理、安全生产监管、水资源管理、海关等部门不得办理相关手续,金融机构不得发放贷款。因此,对于项目建设单位来说,在项目前期办理相关证照及实施工程中,若项目实际情况与立项文件存在不一致的情况,项目建设单位应及时依法办理立项文件调整手续。否则,政府相关部门在办理其他相关手续时可能不予办理,这将直接影响项目的顺利实施。

4.1.2 特许经营权授予文件

在水务方面现尚缺乏专门对水务基础设施建设进行指导的规范性法律文件,但各地方政府对特许经营权的授权一般都是有明确批准文件及特定授权文件要求的。对于投资人来说,在特许经营权协议签订前一定要仔细核实授权主体是否合法,被授权主体是否合法,以及授权文件的形式是否合法。

如果一个水务特许权项目中没有地方政府的正式批文,或缺少法定的授权文件,将使得项目经营的合法性存在重大瑕疵,投资人面临重大法律风险。同时在项目实施过程中也将面临诸多障碍,比如不易获得各地方政府的配合和支持,无法获得银行贷款等等。

在内蒙古某污水处理项目中,当地政府没有作出正式的特许权授予批准文件,而是由有关部门与经营者直接签订了特许权协议。此种作法不仅违反了建设部《市政公用事业特许经营管理办法》对特许权协议签约主体应当为行业主管部门的规定,也违反了特许经营项目应首先取得人民政府批准后再行选择投资者的程序性规定。

在山西某 BOT 项目中,政府对该项目采取 BOT 形式的批文仅为一份政府会议纪要,根据《国家行政机关公文处理办法》(国发〔2000〕23 号)规定,会议纪要适用于记载、传达会议情况和议定事项,是内部行文格式。政府会议纪要等政府内部行文只能表明政府对某一项目的态度,并不能代替正式的政府批准文件,因此,投资人与政府要特别注意授权文件的形式,避免项目合法性受到质疑。

4.1.3 特许经营者的选择方式

《市政公用事业特许经营管理办法》规定，特许经营权被授予方应是经过招投标程序的中标者。《北京市城市基础设施特许经营条例》第十一条则只是比较笼统的规定："实施机关按照实施方案，通过招标等公平竞争方式确定特许经营者并与之签订特许经营协议。"可以看出，对于北京地区来说，招标是确定特许经营者的基本方式，除了招投标外也可以选择其他公平的竞争方式。对于各地方来说，地方政府对此要求也不尽一致，但大多要求采取招标方式，在特殊情况下，可采取其他公平竞争方式。

比如《天津市市政公用事业特许经营管理办法》规定，特许经营者只能通过公开招标方式确定，《湖南省市政公用事业特许经营条例》则要求通过招标等公平竞争方式选择特许经营者。而《深圳市公用事业特许经营条例》则规定："市政府应当采取招标、拍卖等公平竞争的方式，按照有关法律、法规的规定，公开、公平、公正地将某项公用事业的特许经营权通过颁发特许经营授权书（以下简称授权书）的形式授予符合条件的申请人"。"通过招标、拍卖等方式不能确定经营者的，市政府也可以采取招募方式确定经营者。"并对招募进行了如下解释："招募，是指市政府将拟授权经营的公用事业公告后，由市政府或者其委托的机构向申请人发出邀请，通过审慎调查和意向谈判，确定经营者候选人，提交专门设立的评审委员会确定优先谈判对象，通过谈判确定经营者。"可以看出，各地方对特许经营者的选择存在不同的规定，招标并不一定是惟一的选择方式，当地政府应因地制宜，从实际出发，确定合适的特许经营者选择方式。

4.1.4 投资方主体问题

1. 外商主体资格

若投资方为外商，则要注意审查是否符合《外商投资产业指导目录》的相关规定。在 2007 版的《外商投资产业指导目录》(2007年12月1日实施)中,污水处理厂的建设、经营被列为鼓励类别,大城市供排水管网的建设、经营属于限制类别,要求中方控股。

2. 项目公司作为签约主体

对于是由投资公司还是项目公司作为特许经营权协议的签订主体,业内存在不同的看法。一种观点认为根据现行法规,应由投资公司而不是项目公司作为签约主体。另一种观点则认为项目公司才是可以作为签约主体,而投资人不适合作为签约主体。作者认为项目公司可真正行使特许经营所约定的权利和义务,而城市政府无法行使对投资机构各种属地性经营约束。另外,许多只做运营没有投资的运营机构,没有投资主体的存在。在以法国为代表的国际特许经营的典型案例中,特许经营的主体都是项目公司。在中国的具体实际中,已发生许多的特许经营协议由项目公司签订并得到授予方政府部门认可的案例。

从实务上讲,在BOT项目的运转过程中,项目公司成立后即将承接投资人在特许经营协议中的一切权利义务,项目相关权属也应转移至项目公司名下。整个项目的具体实施将由项目公司全权负责,项目公司才是真正的特许经营协议主体,应当具有签约的主体资格。从BOT项目融资的特征上看,因BOT融资模式的项目导向性、有限追索性、表外融资性特征,要求投资人与BOT项目风险分离,投资人与项目公司为相对独立的市场主体,故BOT的特征要求项目公司成为独立的签约主体。实践中,鉴于有些地方尚未出台专门的地方性法规,或未允许政府与项目公司签订特许权经营协议,一些政府则在特许权协议中明确规定,投资人与政府签订特许权协议,而由项目公司承继其所有的权利义务,在符合法律规定的前提下,理顺了特许经营过程中各主体权利义务承担的阶段性和承接性。

4.1.5 项目范围

项目范围是投资方或其成立的项目公司将来实施特许经营权

的实物资产范围，应明确约定。项目范围条款在一些协议中也称为项目概况，它包括实行项目的名称、项目的具体位置、特许经营服务范围、工程规模等描述项目范围的条款内容。如水厂位置已明确红线范围，可将水厂的用地红线图作为协议附件列明。

4.1.6 特许经营期限

根据《市政公用事业特许经营管理办法》的规定，特许经营期限应当根据行业特点、规模、经营方式等因素确定，最长不得超过 30 年。对于投资方来说，特许经营期限当然是越长越好，特许经营期限是否必须包含项目的建设工期，《市政公用事业特许经营管理办法》以及北京市、深圳市的特许经营条例没有明确规定，但也未做出禁止性规定。在建设工期内，项目公司只有投入没有收益，而且如果建设工期包含在整个的特许经营期限内，一旦工期因各种原因延长，项目公司将要面临工期延长而实际经营期限缩短的风险。从投资方方面考虑，投资方可与政府协商将项目的建设与经营分为两个阶段，分开约定建设工期与运营期限，将特许经营期界定为水务项目自正式运营日起至特许经营期或其延长期限届满之日止的特许期间，特许经营期为 30 年。

在项目的实践操作中，对于投资方上述合理因素政府一般也可以理解，有的项目直接将政府给予投资方的特许经营期称为收费期，同时对建设期限另行做出约定，从而更加清晰的划分了 BOT 项目的各个阶段，也保障了投资方享有运营收益的合理期限。

4.1.7 项目公司

如在签订 BOT 特许经营协议前尚未成立项目公司，由投资方作为与政府特许经营合同的过渡性签约主体，则应按照公司法及有关水项目方面的法律法规的规定，在协议中约定项目公司设立的程序、条件，以及项目公司成立后合同权利义务的转移、项目公司在特许期内股东变更条款等。

在污水处理厂项目特许经营合同中，从政府的角度，要注意约定项目公司应取得环境污染治理设施运营资质证书以及投资方投入项目公司的股本资金最低限额（注册资本不低于承包设施年运行总成本的50%）。同时应约定投资方在项目公司中所持有的最低股份比例，对股东擅自转让项目公司股权的行为进行约束，禁止项目公司股东特别是具有运营管理资质和经验并承担相关责任的投资方，在一定年限内，未经政府有关部门同意擅自转让项目公司股权/股份。《北京市城市基础设施特许经营条例（草案）》第三十条对项目公司的股权转让做出的规定是比较合理的："特许经营期限内，特许经营者股权变更应当经过市基础设施行业主管部门同意，股权变更不影响其从事特许经营资格的除外。特许经营者的控股权不得转让。"

4.1.8 项目建设用地

一般项目用地的获得和进入场地由政府一方负责落实，政府利用其权限，可以较公平的市场价格获得土地，即可节约时间，也可降低项目造价，有利于项目进展，对各方均有益。保障项目用地也是政府扶持吸引项目投资者通常给予的基本承诺之一。

特许经营协议中应明确约定征地、拆迁过程中双方的权利义务，各方可以分担这一责任，也可将其完全交由一方负责。由于征地、拆迁工作难度巨大，投资方可要求政府负责完成或配合完成。另外，征地拆迁中还会遇到"三电迁移"、文物保护等问题，可在协议中明确约定该等补偿费用的承担。而且，对于以划拨方式取得土地使用权的，应约定只能用于特定的城市公用基础设施服务，而不能从事其他的经营活动，否则将收回该部分土地的划拨使用权。

作为特许权被授予者，投资方要注意审查土地划拨和出让、土地征收、农转非等用地审批权限是否符合法律规定。要根据该项目实际用地情况，审核其用地审批文件是否符合上述法律规定，是否属于需要国务院审批的情况。如政府超出上述法律及行政法规规定的权限进行审批,则属于无效的行政行为。项目用地无法得到保证,则该特许权项目不能施工,项目建设将很难正常开展下去。

4.1.9 项目规划设计

在特许经营合同中,应对建设需达到的各项建设标准和技术要求做出明确的约定。而且对于专业性极强的项目,为避免政府及公共利益遭受重大损失,可以要求项目公司对建设标准和技术要求负有审查义务,如该等技术标准中存在错误、不明确或遗漏,项目公司应当立即告知政府一方,并立即采取有效措施予以纠正。

一般来讲,规划设计等工作是在特许经营协议签订后由项目公司具体负责进行的。但在实践中,有的项目原来并非采用特许权形式,而是在项目的实施过程中因资金不到位等种种原因,从非特许权形式转换为特许权(BOT)形式的,内蒙乌拉特前旗项目就是个典型。因此,投资方介入该项目后,要承受该项目已有的既成现实。对于之前已完成的规划、设计是否认可,首先要对其合法性进行审查,审查内容包括已完成的规划、设计是否经过有权机关的审批、规划文件是否一致,比如用地规划许可证与规划意见书的内容是否一致,如用地规划或工程规划许可的内容对规划意见书进行了变更,则要查证一下是否经过核发规划意见书的发证机关的许可,而且该部分责任如何分担还应在 BOT 合同中做出明确约定。

此外,还要注意就勘察设计合同进行换签的问题,因为项目建设过程中,仍需要勘察设计单位继续提供专业咨询、指导以及疑难问题会诊工作,况且多数政府要求由项目公司承担勘察设计费用,故如果勘察设计工作完全由政府在前期委托进行,之后交由项目公司实施,项目公司对勘察设计单位不享有任何权利,将不利于设计的优化以及建设过程中对设计单位的管理。

4.1.10 水质标准

无论是自来水厂还是污水处理厂，水质标准都是特许经营协议中必须要约定的一项重要内容。协议中对水质标准的约定，将给双方履行合同提供明确的依据。在污水处理厂项目中，排入污水处理厂的工业废水和污水，应达到相关行业的国家排放标准、地方排放标准的相应规定限值及地方总量控制的要求。出水的水质至少要符合国家颁布的现行最低标准。

为此，对水质检测、水质检测结果争议处理以及水质超标的责任承担等内容需进行约定。否则仅仅约定水质标准而没有违约认定、违约责任条款，对合同当事人很难产生有效约束。同时，还要注意考虑到国家相关排放标准提高时的补偿办法。

在有的项目实际操作中，特许经营协议签署的同时，投资者与原水供应单位要签订《原水供应合同》，与特许方签订《出水销售合同》/《回购合同》，并做为特许经营协议的组成附件。对于原水及出水的水质标准也可放在上述两个合同中进行约定。

4.1.11 性能测试、竣工验收

应按照水利部有关水项目工程竣工验收的相关规定在特许经营协议中明确约定测试和验收的程序和方式，以确认工程建设是否满足设计和建设要求。

项目的验收一般由政府与项目公司共同进行，或由项目公司负责进行，政府最终进行确认，如果不经过政府对工程阶段性验收的认可，则不应进行下一步的投资建设，如果不经过政府对竣工验收的认可，则工程不应正式投入使用。

在竣工验收阶段，项目根据规模大小，可以分为初步验收与正式验收两个阶段进行验收，通过初步验收阶段，对初验查出的问题应在正式验收前解决。通常根据特许经营协议的约定，项目公司负责在项目完工时通知特许方，由特许方出面组织当地业务主管部门进行项目的验收，但政府部门在一定期限内负有履行验收职责、出具验收文件并通知投资方通过或未通过验收的义务，对于政府的不作为，协议中应约定验收期限届满特许方未按协议约定组织验收或对项目竣工未作明确表态时的处理方式，通常在这种情况下将视为工程通过特许方的验收，且污水处理项目特许方要按项目合格的情形开始向投资方支付污水处理服务费。

在某个水务项目中，特许经营合同中有这样的约定："如因特许方原因，在两个月内污水进水水质达不到设计进水水质或进水水量达不到调试要求水量导致达不到验收要求，则视同通过环保验收。"该条款中关于"视同通过验收"的约定却并不是合理的。环保验收作为政府环保部门的行政职责，不应与特许协议中双方对等的民事权利义务相提并论，环保验收有相应的法定强制性标准，具有强制色彩，不能作为政府的民事权利在特许经营协议中进行放弃。对于条款中提到的情况，可以通过对环保验收期限的相应延长或给予项目公司其他形式的补偿进行补救。

4.1.12 污水处理费、供水服务费的收取标准及调整

根据1998年实施的《城市供水价格管理办法》第五条的规定，城市供水价格按照统一领导、分级管理的原则，实行政府定价，具体定价权限按价格分工管理目录执行。制定城市供水价格，实行听证会制度和公告制度。江苏某污水处理厂特许经营协议中约定"市政污水处理服务费基价暂按0.90元/t执行，特许方承诺从本协议签订之日起逐年调整这一基价，推动污水处理服务费基价向该市物价部门核准的在自来水费中收取的污水处理费价格靠拢。"

但是，污水处理厂单元服务的特许经营服务费，不同于政府向公众征收的污水处理费。污水处理服务收费是政府或政府授权的机构与污水处理经营企业之间的商业经营性服务收费，收费多少基于双方在特许经营合同中的约定。而污水处理费则一般是政府向公众征收的行政事业性收费。两者有着密切关联，目前，污水处理费一般是政府所支付的污水处理服务费的来源，如果污水

处理费不足以支撑污水处理服务费，政府需要从其他渠道予以补足，如果政府征收的污水处理费超出污水处理服务费的需求，政府部门有权动用它用于其他与污水相关的建设和运营。

由于污水处理费与污水服务费的密切关联，因此，尽管有关法规规定了水项目服务收费标准的听证和审批程序，但依然可通过适当方式在特许经营协议中约定项目公司拥有收费价格建议权以及参与听证的权利，以尽量规避由政府确定收费标准所带来的间接支付风险。

在水价的约定过程中，要注意避免保底条款的嫌疑。最典型的案例是长春汇津污水处理厂项目引发诉讼案件。该诉讼虽然以政府胜诉而告终。但却严重损害了政府形象，极大挫伤了投资者的信心。

4.1.13 市政管网的归属、使用、维护、保养

在中国，当前水务项目各个业务环节，由于政策因素，"原水、供水、用水、排水、污水处理回用"的循环体制处于分割状态，形成事实上"厂网分开"的局面。从目前出台的相关政策来看，"特许经营、厂网合一"已经成为中国水务市场化的大方向。

在厂网合一的前提下，特许经营期限内，管网将作为特许经营项目的组成部分，提倡由项目公司享有运营、维护的权利，并由项目公司承担维护、运营的风险与责任。

4.1.14 项目实施过程中的应急处理

为了提前预防项目出现紧急情况，保障城市供水设施、污水处理设施的正常运营，应对项目设施的大修及事故处理做出预先的防备与约定。下述为某个水务项目中有关应急处理的合同条款：

1. 设施维护大修

自项目正式投入经营第二个经营年起，项目公司应在尽量不

影响对污水来水及自来水原水正常处理的情况下进行。项目公司应在该经营年初将大修的具体时间和实施计划报请政府或其指定机构。政府应作好应急准备工作。项目公司规定的大修期间可以免除项目公司污水处理水量不足的违约责任及政府或其指定机构保证污水基本水量的责任。

2. 紧急削减关闭

项目公司如因意外事故造成紧急情况抢修（不包括水质超标而采取的水量消减措施），认为必须削减或关闭污水处理进水服务时，应在12小时内通知政府或其指定机构，并提出处理意见，同时采取一切必要措施使污水厂尽快恢复正常经营。

紧急削减或关闭期间可以免除项目公司污水处理水量不足的违约责任及政府或其指定机构保证基本水量的责任。

4.1.15 项目保险

项目在建设与运营中风险的存在是客观的，要采取各种手段将风险降至最低，投保是转移风险必不可少之重要手段。但工程项目业主对工程保险认识普遍不够，并没有对保险的重要性起到足够的重视，一旦出现险情会面临很被动的局面，因此在特许经营协议中有必要以专门条款对项目保险做出约定。

在项目的保险安排中，从政府监控的角度出发，为了避免在承包商分别投保的情况下出现所选承保人实力有限，出险不能及时获得索赔，以及对于投保范围、保险条件进行监督管理的目的，要特别注意强调建设阶段的主要保险必须由投资方或项目公司负责。

目前，为了降低项目风险，有的项目将政府也作为运营期财产保险中的被保险人之一，在这种情况下，应特别注意在一般情况下，仅项目公司有权向保险公司索赔，只有在项目基本全损，且项目公司放弃项目重建合同终止时，政府才能作为被保险人进行理赔。

4.1.16 政府的监管权

在特许经营项目中,特许方有权对项目的全过程行使全面、充分的监督、检查权。在特许经营合同中应对政府的监管权进行约定,使其成为政府作为特许经营协议主体所享有的合同权利,同时也约束政府防止监管权的滥用。

1. 建设阶段政府的监管权

特许方有权在不影响建设进度和确保安全的前提下派出监督员在任何时候对建设工程进行监督和检查,投资方应当派代表陪同。投资方应当提供监督员进入项目建设场地的便利条件。

投资方在项目建设时必须按照国家基本建设的有关程序进行,重要资料应及时报政府一方备案。项目移交时应将完整竣工资料移交政府存档。

投资方应从建设工程开工后,按时向政府授权方提交上一阶段的工程进度报告和监理月报。以便政府时时掌握项目进展情况。

2. 运营阶段政府的监管权

水务项目在运营阶段特许方的监管着重体现在对水质的监测以及对出水质量的稳定性连续性要求中。水质检测和记录的义务一般由投资方承担,投资方应按月向特许方提交检测报告,以便政府准确掌握水质情况。如特许经营合同中可约定,特许方提出查看检测报告要求时,特许方应当随时提供;水量的测量仪表要按设计要求合理设置,并在正式运营前由有资质的机构进行首检,每年按国家规定进行校检。在运营中当测量仪表发生故障时,投资方应及时通知特许方共同确定计数,并及时修复。当特许方提出校检要求时,可随时进行校检,若校检结果无误,费用由特许方承担,否则费用由投资方承担。

4.1.17 政府的承诺与担保

政府承诺即是对特许经营协议顺利履行提供的保障,也是项目吸引资本投入的手段。由于项目巨大的政治风险和商业风险，项目公司往往要求政府在特许授权法律文件中作出种种担保。但目前中国《担保法》规定，除经国务院批准为使用外国政府或者国际经济组织贷款进行转贷的除外，国家机关不得作保证人。因此，政府在项目中所作的承诺与担保只能是行政意义上的保证性承诺。一般可作出的承诺与担保如下：

1. 独家经营承诺

独家经营承诺是指政府承诺在一定范围内不批准与该水务项目具有竞争的其他项目。

2. 拆迁、民扰、市政配套设施的投资建设

特许方负责完成水务项目建设土地，以及受该工程建设影响的所有居民和地上建筑物的征地拆迁工作。特许方应尽力协调项目公司与相关政府部门的联系，协助项目公司取得应由政府及相关政府部门给予的批准，并适度保证对项目公司厂用水、用电、污泥处理等各项费用按市政公用设施给予当地最优惠价；保证项目建设场地达到三通一平或四通一平的配套条件，将相关配套供水、供电、通信、道路设施引至确定的红线，确保施工方能尽快开始相关工程的建设。

3. 关系协调义务

由于项目的实施涉及众多政府部门，需特许方在审批、许可、与各部门协调等方面进行配合。特许方应协调与各级人民政府及财政、税收、规划、国土资源、价格、公安等政府相关部门的关系，必要时召开由多部门参加的联席会议解决投资方在建设、运营本项目中遇到的困难。

4. 污水进水量和费用的保证

污水处理项目中，特许方与投资者通常会对污水进水基量进行约定，此基量即为政府对污水进水量所进行的承诺。在乌拉特项目中就约定，当项目进入运营期后，投资方应在水质净化厂计量点设置流量表进行水量计量。当进厂污水量不足基本水量时，特许方按基本水量支付污水处理费；当进厂生活污水量超过基本水量时，特许方按投资方实际处理污水量支付污水处理费。此为"照付不议"原则的适用。如因不可抗力原因导致污水进水量不足，或引起污水实际处理水量低于污水基本水量时，污水计费水量按污水实际处理水量计算。在试运行期间，污水计费水量按污水实际处理水量计算，此期间收费标准应低于污水处理收费标准一定比例。

5. 政策变动风险保证

由于项目期限都长达 10、20 年，在此期间政策风险是非常大的，因此有必要由政府承诺在特许协议签订后，中国或地方的法律、法规等发生变化，且这种变化对投资方的权利和义务产生了实质性的影响，特许方将在不实质改变投资方的权利和义务或增加投资方的义务的基础上，协助本项目建设运营协议的执行，并根据实际情况需要与投资方签订补充协议。

6. 优惠政策

投资方应充分利用本项目可能利用的各种优惠政策，如西部地区开发及投资相关法律法规给予的优惠政策，还可要求其他当地政府有权直接给予的优惠政策。

投资方还可以要求政府在特许经营协议中承诺在项目移交后，如果特许方计划再次以特许权的方式将本项目的运营权授予新的经营者，在同等或相近条件下，投资方有优先被授予特许权的权利。

4.1.18 特许经营权的中止、延展及终止

在特许经营期限内会出现各种对项目正常运营产生影响的事件，比如发生不可抗力导致项目不能正常建设、运营，需要对受损部分进行一段时间的建造、维修，或是依法有权在紧急状态下实行征收或征用措施的国家行政机关在紧急状态下，需要在一定时期内对项目部分或全部行使控制和管理权。考虑到特许权是附期限的权利，应允许就特许权中止的时间给予项目公司补偿，补偿既可以是特许经营期限的延长也可以采取其他方式。但应在特

许经营协议中明确约定特许经营中止的情形及法律后果。

特许经营权的终止是特许经营合同中的一项重要内容，它是政府行使对项目监督管理权的一项重要内容。虽然《市政公用事业特许经营管理办法》已经做出了相关规定，如擅自转让、出租特许经营权的；擅自将所经营的财产进行处置或者抵押的；发生重大质量、生产安全事故的等。但在特许经营协议中双方当事人还应根据项目的具体情况，约定更有针对性的终止条款。

4.1.19 项目移交

项目移交应注意约定移交前过渡期安排、移交范围、移交验收程序、技术培训、风险转移等。对移交日约定明确的时间，移交日一般约定为特许经营期限届满之日的次日。在移交前六个月至半年间，双方应成立移交小组，负责商定项目移交的程序与内容，并处理项目移交过程中的各项事宜。在项目移交前一段期限内，投资方应免费培训特许方指定的人员，以便在项目移交后，特许方人员能从事水务项目的技术及管理工作和保证水质净化厂及污水处理厂的正常运作。在移交日前一段时间内，特许方和投资方应会谈并商定项目移交的详尽程序。

涉及项目的任何移交行为，特许方与投资方都必须签署移交备忘录，对移交工作留存完全的记录，以示移交完毕。

项目移交后，可视情况协商由投资方按项目设计要求，在移交后的一定期间对项目进行免费保修，并向特许方提供必要的技术支持，以实现移交期间项目设施的平稳运营。

4.1.20 特许经营合同生效的前提条件

特许经营合同生效前，有些基本的前提条件必须落实。例如：项目的批文应齐备，主管部门或有关单位授予的履行合同的权利和资格、投资方董事会决议、土地使用权相关手续已办理。如特许经营与资产收购或股权转让捆绑，就存在特许经营与现有资产的收购问题（BOT+TOT），应设定资产收购及股权协议生效为特许经营协议生效的条件。如投资方有提供履约保证金的义务，该保证金的交纳也应作为特许经营协议生效的条件。这些前提条件是项目建设开始的必备条件，如果缺少某一项，将会严重影响到协议一方权益，因此，特许经营合同经双方签字盖章后虽然成立，但只有在合同双方能证明所有的"前提条件"已具备的情况下协议才能生效，双方开始履行协议约定的义务，项目的建设工作才能开始。

4.1.21 不可抗力条款

对不可抗力的外延内容的认识当事人间一般存在着较大的分歧，特别是对不可抗力中的社会事件分歧最大。因此，在特许经营协议中，应注意明确列举不可抗力事件的范围即外延，并对不可抗力的通知、处理进行约定。

4.1.22 争议解决条款

在双方无法通过协商解除所发生的纠纷时，争议解决方式有诉讼与仲裁两种形式可供选择。仲裁必须要由当事人约定才能执行。在未明确约定仲裁机构的情况下视为没有约定仲裁。当事人可根据自己的需要选择争议的解决方式。作为投资方，若不属项目当地企业，最好不要约定项目当地的仲裁/诉讼机构，而选择第三地的仲裁委员会进行仲裁，在中国投资的外商多约定在中国国际经济贸易仲裁委员会仲裁。

4.2 合资/合作合同

在特许经营项目中，投资方成立项目公司作为特许经营合同权利义务的实际承担者，在投资方不是一个法人主体的情况下，项目公司通常是由投资各方通过签署合资/合作合同共同组建的。

在实务操作中，也存在政府部门出资与社会投资者共同组建项目公司的情形。政府部门与投资者之间因共同投资成立项目公司而形成股东之间合作法律关系,政府部门和投资者依据合资/合作合同享有股东权利并承担相应义务。合资/合作合同涉及政府部门和投资者实质性权利义务,亦关系到在合作期内各方合作是否顺利,更关系到整个项目是否成功。

无论是社会投资者、还是政府部门与投资者设立项目公司,在合资/合作合同中均应注意如下法律问题:

4.2.1 在项目公司的组织形式上,可采取股份有限公司的形式

在项目公司的组织形式上,《公司法》规定了有限责任公司和股份有限公司两种,在以往的项目中,项目公司的组织形式绝大多数为有限责任公司,但在新的《公司法》实施后,编者认为宜选择股份有限公司的形式。其理由如下:

1. 与有限责任公司一样,股份有限公司的股东以认购的出资额为限对公司承担有限责任;

2. 新公司法实施后,在大幅度降低股份有限公司注册资本(减少至500万元)和股东人数(二个股东即可)要求的情形下,有限责任公司的特有优势不复存在;且取消了股份公司设立审批制度(原公司发规定,股份有限公司的设立,必须经过国务院授权的部门或者省级人民政府批准);

3. 有限责任公司只能由发起人集资,不能向社会公开募集资金,不能发行股票,更不可能直接上市交易(借壳上市除外),而股份有限公司可以通过发起或募集设立向社会筹集资金,可以发行股票并上市交易。

项目公司的境内外上市融资应作为投资方中长期融资战略方向去努力,而上市的基本前提条件则是公司的形式为股份有限公司,以及公司连续经营和业绩连续计算的要求。如果采取有限责任公司,则日后将面临公司改制、改制前后公司经营和业绩有可能无法连续计算而导致上市准备时间延长的问题。

为此,提出建议为:在设立项目公司之时,就采取股份有限

公司的形式。

4.2.2 项目公司的最低注册资本额应满足项目资本金的要求

根据《公司法》等有关法律的规定，公司的注册资本为股东认缴或认购的出资额。其中，有限责任公司的最低注册资本为人民币3万元，股份有限公司的最低注册资本为人民币500万元，外商投资股份有限公司的最低注册资本为人民币3000万元。

具体到本项目而言，在满足上述《公司法》规定的基础上，应当满足《国务院关于固定资产投资项目试行资本金制度的通知》（国发［1996］35号）和《国务院关于调整部分行业固定资产投资项目资本金比例的通知》（国发［2004］13号）中对项目资本金的要求：项目资本金是指在投资项目总投资中，由投资者认缴的出资额，项目资本金的比例为项目总投资35%及以上。

为此，投资者在注册项目公司时，注册资本应与项目资本金一致，即项目总投资的35%，但是需要指出的是：

1. 根据《公司法》的规定，项目公司全体股东的首次出资额不得低于注册资本的20%，注册资本可以分期在2年内出资即可（投资性公司的出资期限可以为5年）。

2. 根据国家工商行政管理总局、商务部、海关总署、国家外汇管理局于2006年4月24日联合印发了《关于外商投资的公司审批登记管理法律适用若干问题的执行意见》的规定：

外商投资的有限责任公司（含一人有限公司）的股东首次出资额应当符合法律、行政法规的规定，一次性缴付全部出资的，应当在公司成立之日起6个月内缴足；分期缴付的，首次出资额不得低于其认缴出资额的15%，也不得低于法定的注册资本最低限额，并应当在公司成立之日起3个月内缴足，其余部分的出资时间应符合《公司法》、有关外商投资的法律和《公司登记管理条例》的规定。其他法律、行政法规要求股东应当在公司成立时缴付全部出资的,从其规定。

外商投资的股份有限公司的出资应当符合《公司法》的规定,其中,发起方式设立的股份公司,首次出资额不得低于注册资本的20%,注册资本可以分期在2年内出资即可(投资性公司的出资期限可以为5年)。

3. 在实务操作中,大量存在项目公司注册资本低于项目资本金的情形。

4.2.3 新公司法实施后,扩大了出资财产范围和非货币出资的比例

《公司法》第二十七条规定,股东可以用货币出资,也可以用实物、知识产权、土地使用权等可以用货币估价并可以依法转让的非货币财产作价出资;但法律、行政法规规定不得作为出资的财产除外。对作为出资的非货币财产应当评估作价,核实财产,不得高估或者低估作价。法律、行政法规对评估作价有规定的,从其规定。

全体股东的货币出资金额不得低于有限责任公司注册资本的30%。

股东的出资方式跟资本制度相关联,当特别重视资本所起作用的时候,法律就会对股东出资的方式作严格的限制性规定。原来的公司法严格限定了5种出资方式:货币、实物、工业产权、非专利技术和土地使用权。这次公司法在这方面做了很大突破,规定了出资的一般法定条件,即抽象性的条件,这就是两个要件:一是具有货币价值,可以用货币估价,二是可以依法转让。只要财产具有这两种属性就可以作为出资。新公司法的规定,充分利用了社会资源,开拓了出资渠道,有利于使更多的财富用于公司的经营。

但是需要说明的是,关于出资方式,公司法只是一种描述性、抽象性的规定,在实践中还需要谨慎。比如债权,它可以用货币评估,也可以转让,法律、法规也没有禁止,那以债权来出

资可以吗？从理论上讲，凡是具有货币价值的、可以转让的，都可以作为出资，但实践中拿一个不可能收回的债权呆账作为出资，是行不通的。

另外，更核心的是以前规定"工业产权、非专利技术（知识产权）作价出资的金额不得超过有限责任公司注册资本的20%"，而修改后新规定"全体股东的货币出资金额不得低于有限责任公司注册资本的30%。"，即非货币出资额（包括实物、知识产权、土地使用权）出资可以达到70%。

4.2.4 应充分利用公司法中的股东意思自治原则

新《公司法》体现了强制性规范和任意性规范的有机结合，凸显公司章程作为公司"宪法"的重要作用，赋予公司更多的自治，将过去许多强制性条款改为任意性条款甚至取消，允许公司章程在很多问题上进行比以前更加个性化的自由约定，使得公司的经营运作更加灵活自主。这为投资方在合作伙伴选择及合作条件上提供了广阔的发展空间。其中，如下几个方面可在合资/合作合同予以运用：

1. 同股不同分配权，同股不同优先出资权

有限公司可以在章程中或出资协议中约定"同股不同分配权"、"同股不同优先出资权"。《公司法》第三十五条规定："股东按照实缴的出资比例分取红利；公司新增资本时，股东有权优先按照实缴的出资比例认缴出资。但是，全体股东约定不按照出资比例分取红利或者不按照出资比例优先认缴出资的除外。"股份公司也可以章程约定的方式不按持股比例分配税后利润。《公司法》第一百六十七条有相应规定。

上述的约定充分的体现了新公司法对实践中存在的多种分配形式需求的尊重，也体现了公司法对民事主体依自己的意志处分自我利益的权利的尊重。只要全体股东一致同意，分红的方式以及优先认缴权可以被排除适用，至于采取何种方式替代，则应当由全体股东协商一致决定。

2. 同股不同表决权

有限公司的表决权也可专门约定"同股不同表决权"。《公司法》第四十三条规定:"股东会议由股东按照出资比例行使表决权;但是,公司章程另有规定的除外。"

3. 有限公司不再限制董事会次数

删除了原公司法规定有限公司董事会每年召开的法定次数以及开会前的通知。

4. 股东会书面表决制度

确立了有限公司的股东会可以采用书面表决的方式作出股东会决议。《公司法》第三十八条第二款规定,对前款所列事项股东以书面形式一致表示同意的,可以不召开股东会会议,直接作出决定,并由全体股东在决定文件上签名、盖章。

股东会议的召开必然需要很大的成本,对于有限公司来讲,一般人数不多,且股东之间具有很强的人和性,可以采取不召开股东会的其他方式也能形成一致的意思表示,同时又可以节约成本。

需要指出的是,除了上述所说的设立项目公司的合资合作合同外,在水务项目中,还包括其他类型的合资/合作合同,例如自来水供水项目中的原水供给合作协议等。通常认为,合同一方即投资方成立项目公司,合同另一方为项目实施提供用地/供水水源等,项目公司可以税后利润的方式给予回报。诸如在某水务项目中,投资方与内蒙古某灌域管理局签署合作协议,约定由投资方以现金方式注册项目公司,并由项目公司负责投融资、建设、经营供水项目;该管理局以蓄水库用地、水资源使用权及相关设施作为合作条件;投资方承诺每年将项目公司税后利润的10%分配给管理局作为合作回报。

此类型的合同主要依据有关《合同法》的规定,侧重点主要为供水水质、计量和计价等方面,鉴于前文特许权合同部分有类似介绍,在此暂不作展开论述。

4.3 其他合同

除了上文提及的特许权经营合同、合作/合资合同外，在水务特许经营项目中，还包括如下几种类型的合同：

4.3.1 项目公司与贷款银行之间的贷款协议

项目建设需要大量的资金投入，其中相当大的资金来源于项目贷款，项目公司与贷款银行之间因此形成借贷法律关系。在贷款协议中，为了保证贷款的安全性，贷款银行往往要求项目公司以其财产或/和权益作为抵押或质押，或要求项目公司的股东或政府提供某种形式的担保或承诺从而引发债务担保关系。为此，在特许权协议中，应对财产抵押等担保事项作出合理安排，以便于项目贷款的顺利进行。对于 BOT 项目，项目公司可以用运营期间的应收账款、不动产收益权等向银行进行质押贷款。

4.3.2 项目公司与承包商之间的建筑工程承包合同

项目建设过程中，项目公司可以就工程的勘察、设计、采购、建设与一家承包商签订总承包交钥匙合同，形成工程建设总承包关系，然后由总承包商与其他建筑商形成建设分包关系；项目公司也可以分别与不同的承包商签订合同，直接与有关建筑商形成工程承发包关系。作为项目业主，如何安排好工程款的支付进度，并将施工风险适度转移到承包商身上，同时处理好与总包或分包商的关系，对于确保项目按期保质完工是非常重要的。

4.3.3 项目公司与供应商之间的采购合同

项目实施过程中，项目公司须向供应商购买设施、设备及水务运行系统等物资，从而与供应商之间形成了买卖合同法律关系。在其设备、运行系统等存在从国外进口等情形时，则存在国际贸易价格、进出口代理、外汇支付等一系列问题和合同。

4.3.4 项目公司与运营维护商之间的运营维护合同

项目公司可以将项目的运营维护外包给有经验的项目运营维护商负责,以加强项目经营管理的专业性,在此情况下,项目公司与运营维护商之间形成关于项目运营维护的委托法律关系,双方的权利义务应在运营维护合同中进行详细约定。对于项目公司而言,运营成本的控制以及运营维护标准及风险承担是运营维护合同中比较重要的条款。通过运营维护合同的条款设计确保项目各方在项目建设、运营和维护中的权利义务明确。

4.3.5 项目公司/第三方与银行之间的担保合同

项目取得贷款过程中,银行为防范信贷风险会要求项目公司对贷款偿还提供担保。担保法上规定的保证、抵押、质押的担保形式均可适用,最为常见的融资担保模式是项目公司将项目资产抵押给银行或将特许经营期内的收益权质押给银行,根据《市政公用事业特许经营管理办法》的规定特许经营的资产进行抵押必须经主管部门批准,从保障公共利益的角度出发,不管以项目资产还是权益进行担保,政府主管部门的监管都是必要的。在项目建设初期,项目资产处于浮动状态项目收益尚不存在,为了更有保障的降低贷款风险,银行通常会要求项目公司股东方为贷款提供担保,在这种情况下,形成由第三方为项目公司偿还贷款为贷款银行提供担保的情形,相应也自然需要签署担保合同。

4.3.6 项目公司与保险公司之间的保险合同

项目建设与运营中风险的存在是客观的,要采取各种手段将风险降至最低,投保是转移风险必不可少之重要手段。政府与投资方应提前设计保险计划。投保人与保险公司签订保险协议之日起,保险合同法律关系成立。一般来说项目保险由项目公司负担,项目公司也可以将投保义务转移到建设、运营承包商身上。从政府监控的角度出发,为了避免在承包商分别投保的情况下出现所选承保人实力有限，出险不能及时获得索赔，以及便于对投保范围、保险条件进行监督管理之目的，会特别注意强调建设阶段的主要保险必须由投资方或项目公司负责，并将投保列为特许权协议的生效要件。同时，还要注意险种的选择，避免购买不必要的保险增加额外支出。

4.3.7 项目公司与用户/排污企业之间的供水服务合同、污水服务合同

在水务项目进入运营阶段后，项目公司与用户/排污企业之间将因供水和污水处理等服务的提供与享用形成服务合同。

此类型合同，主要应对水质、水量、水样采集和检测、大修和事故、水费及调整方式和支付方式等作出必要的约定，鉴于前文特许权协议有类此介绍，在此不作展开介绍。

4.3.8 项目公司与其他参与主体之间的合同

在项目建设、运营过程中，还会存在很多参与主体，如融资租赁商、广告商、贸易代理商等。项目公司与其他参与主体之间还存在融资租赁合同、广告合同、代理合同等。

第5章 城市水业企业投融资法律事务

5.1 企业投融资法律事务

城市水务项目一般投资规模较大,而且服务价格均不同程度受到限制,投资回报率较低,回收期相对较长。在政府直接投资的情况下,水务项目的建设资金一般列入财政预算,较之于项目的社会效益而言,项目投资的回报并不属于政府重点关注的范畴。但另一方面,由于受到财政预算的制约,水务服务的布局和供给也就难以及时满足社会经济发展的需要。这种供给与需求之间的缺口日益扩大,再加上城市水务项目长期、稳定的需求预期,直接推动了社会资本以多种形式介入包括水务项目在内的传统公共服务行业和领域。

考虑到城市水务项目在资金需求和投资回报方面的特点,融资、回报和风险规避等任何项目都需要慎重研究和解决的问题,对于城市水务项目投资者而言就更为凸显。为了有效规避特定项目可能带来的风险,投资者通常会为某一水务项目专门成立一个项目公司,以项目公司的资产为限,对项目承担责任。在融资方面,投资者也倾向于使用不同于传统的公司融资的方式,利用项目公司独立的法律地位,仅以项目的资产及相关权益(而非投资者作为母公司或项目发起人)提供担保,向银行申请贷款。如某外资污水项目公司根据外经贸部门的批准而成立,投资总额为6400万元,注册资本为3200万元,现向银行申请贷款3200万元,银行经审核后,要求公司提供抵押或第三人保证。公司决定以公司的自有资产,如国有出让土地使用权、房屋所有权进行抵押,银行经评估审核后,认为公司提供的资产符合抵押率的要求并且公司能够依据该资产产生效益以偿还贷款,因此银行与公司协商签订《抵押合同》、《贷款合同》,向公司放款。在这种情况下,借款人(即项目公司)偿还贷款的主要或惟一来源就是特定水务项目的经济强度,即项目本身的资产价值和未来的现金流量。这种融资方式就是人们通常所说的项目融资。

与传统融资模式相比,项目融资的主要特点可以概括如下:

5.1.1 项目融资以项目为基础

如前文所述,项目融资模式项下的担保标的物在于特定项目的资产及预期收益。也就是说,贷款人在发放项目贷款之前需要重点评估和考察的并非项目发起人的资信状况或资金规模,而是相关项目自身的优劣状况,包括项目的建设期风险、项目的运营模式、项目的收益来源及消长趋势、项目终止时的退出机制等因素。对于缺乏足够资本金或信用额度的投资者,只要其拟投资的项目在这几个方面满足贷款人的评估要求,则就有可能获得其通过其他融资方式所难以获得的贷款,而贷款人能否从中获益也有赖于项目运营的实际状况。项目本身取代项目发起人成为融资安排成败的主导。

5.1.2 有限追索或无追索

在其他融资方式中,投资者向金融机构的贷款尽管是用于项目,但是债务人是投资者而不是项目,整个投资者的资产都可能用于提供担保以供偿还债务(在投资者为项目公司提供担保的前提下),也就是说债权人对债务有完全的追索权,即使项目失败也必须由投资者还贷,因而贷款的风险对金融机构来讲相对较小,在实践中,国内金融机构通常倾向采取这种方式。如要求项目的投资人或其关联公司与银行签订《担保合同》,当项目公司不能履行或延迟履行《贷款合同》时,项目的投资人或其关联公司需要承担连带担保责任。而且在此之前,投资人或其关联公司的资信状况、财务指标等也要经过银行的严格审核,如提供的是不动产抵押,同样需要经过银行评估审核。

在项目融资中,投资者通常只承担有限的债务责任,贷款人仅在特定阶段(如项目的建设期)或特定范围之内对投资者享有追索权,而无权追索投资者在项目之外的资产、收入与权益,是为有限追索。如在某污水 BOT 项目中,因为偿还银行贷款的现金收益能够产生的第一前提便是工程能够顺利完工,因此银行要求在建设期能够有充分的担保。项目的投资人在与银行签订的《担保合同》中会明确其承担担保的期限至建设竣工验收完毕备案之日等,意味着在运营期间,投资人无需再承担担保责任。

无追索权项目融资则是指贷款人在项目的全过程中对投资者无任何追索权,只能依靠项目本身资产及其所产生的收益作为偿还贷款本金和利息的惟一来源,最早在 20 世纪 30 年代美国得克萨斯油田开发项目中应用。与有限追索相比,无追索权虽然能够更为彻底地隔离贷款项目所可能给借款人其他资产和收益带来的风险,但同时也给贷款人带来了更多风险,从而导致贷款利率和融资成本上升。正因为如此,纯粹的无追索安排在项目融资实务中已少有应用。

5.1.3 项目融资有利于项目风险的合理分担

项目融资的上述特点决定了其融资结构中风险分配方面的特性。就城市水务项目来说,由于其投资规模庞大、收益来源单一、投资回报周期较长,任何一个项目参与方(包括投资者、政府、项目公司、贷款人、工程承包商、项目设备和原材料供应商、产品的购买者或使用者、保险公司等)都无法独力承担其中可能存在的风险,而需要通过周密严谨的法律合同进行合理的分解与分配。根据各类潜在风险性质的不同,将其分配给最有能力预防、承受和化解该类风险的一方或多方,从而保证项目建设运营的顺利进行。

从实务操作的角度考虑,城市水务项目投资者可以利用项目融资的有限追索或者无追索权的特征分散项目投资风险;可以利用固定价格、固定工期的工程承包合同分散项目建设风险；可以与政府或政府指定机构签署特许经营权协议和购水协议（或污水处理服务协议），利用"或取或付"或"照付不议"的原则分散产品销售的风险；可以通过商业保险合同将其他可能出现的风险转移给有承担能力的保险公司或出口信贷机构，甚至可以向商业保险机构或者官方机构（如出口信贷机构或多边发展机构）投保政治风险。

5.1.4 融资比例大

传统融资一般要求项目的投资者出资比例至少要达到30%～40%以上才能融资。就中国法律而言，国家工商总局规定，中外合资经营企业的总投资在300万美元以下的，其注册资本至少应占投资总额的70%；总投资在300万美元至1000万美元的，其注册资本至少应占投资总额的50%；总投资在1000万美元至3000万美元的，其注册资本至少应占投资总额的40%；总投资在3000万美元以上的，其注册资本至少应占投资总额的1/3。总之，要求外资企业股债比例较大。而项目融资可以筹集到高于投资者本身资产几十倍甚至上百倍的资金，股债比例要求小。

5.1.5 融资成本高

项目融资主要考虑项目未来能否产生足够的现金流量偿还贷款以及项目自身风险等因素，对投资者投入的权益资本金数量没有太多要求，因此绝大部分资金是依靠银行贷款来筹集的，在某些项目中甚至可以做到100%的融资。但在中国法律的现有框架下，投资者，尤其是外国投资者本身须有一定的出资比例，这一点在前面已经述及。在实践中，一般要求投资者的自有资金在项目投资总额的30%～45%之间，项目投资者可以融到自有资金一倍或两倍的资金来完成项目。

由于项目融资风险高，融资结构、担保体系复杂，参与方较多,因此前期工作较为复杂,需要引入包括律师、会计师和技术专家在内的咨询顾问完成大量专业化工作,再加上项目的自身风险,往往导致项目融资的成本超出传统融资模式。

值得一提的是,传统的项目融资一般要求项目所在地政府或机构给予一定担保或必要的政策支持,而按照中国《担保法》的规定,除法定情形,政府部门不得为项目提供任何形式的担保。早期国内城市水务项目较为多见的,是项目所在地政府或财政部门就项目向贷款人出具支持函或安慰函。

项目融资一般要经过4个阶段,即项目投资分析、融资架构分析、项目融资谈判和项目执行。

1. 项目分析

投资者对城市水业的发展态势以及该项目在城市水业中的竞争性的分析、对项目进行可行性研究,来初步确定项目的投资结构。

在此阶段,投资者将决定采用何种融资方式为项目筹集资金,包括担保的方式等等。主要是通过成本、费用与利润的分析,对各种可能的融资方案进行取舍。

2. 融资架构分析

这一阶段的主要任务是完成对项目融资架构的风险和评估,设计出投资者的自有资金份额及融资的额度,对参与融资各方的基本权利义务和合同架构行修正和完善。最后选定一个既能在最大限度上保护投资者的利益,又能为贷款人所接受的融资方案。

3. 项目融资谈判

确定了融资架构之后的工作包括:选择银行、发出项目融资建议书、组织贷款银团、起草融资法律文件、融资谈判等,到最终确定一个正式的文本来用以执行项目融资。

4. 项目执行

在项目融资中,贷款人可以通过其代理人,根据融资文件的规定,了解项目进度,提出参考意见,有时可能会参与项目部分的决策和管理,甚至在项目公司严重违约时指定第三方取而代之。而在传统的融资方式中，借款人仅需按照贷款协议的规定提款和偿还贷款的利息和本金。

较之项目融资，传统的公司融资方式虽然也涉及大量法律文件的制作，但数量和复杂程度有限，需要的时间也比较短，总体上较为简单易行，但对项目投资者的资信状况要求较高，并会对其再融资造成一定影响。

根据《物权法》的规定，对"生产设备、原材料、成品、半成品"可以实行浮动抵押制度，这不但扩充了项目公司的融资渠道，同时也降低了金融机构的风险。此外，根据《最高人民法院关于〈担保法〉的解释》第九十七条的规定："以公路桥梁、公路隧道或公路渡口等不动产收益权出质的，按《担保法》第七十五条第四款的规定处理"，收费权质押应该也属于现行法律允许的融资方式，并可应用于国内目前已有的水厂经营权转让项目，从而形成对项目融资和传统融资方式有益的补充。

在城市水务项目中，政府方（通常是特许经营权的授予方）一般会对项目公司的对外投资予以限制，并在一定期限内禁止或限制项目投资者转让项目公司股权。而从项目投资者的角度讲，成立项目公司的目的一般也在于项目本身，并无向其他公司投资的必要。但受融资结构的影响，项目公司股权转让限制可能会成为投资者需要重点考虑的问题之一。

如水务项目的资金筹措采用项目融资方式，且项目公司属外商投资企业，则该种资金筹措方式应在申请项目核准或备案的文件中清楚列出。如项目融资的银团中有外资银行参与且有外币贷款，则应在项目融资文件签署后向国家外汇管理部门进行外债登记和对外担保登记。

对于外国投资者来说，由于水务行业属于外商投资的鼓励类行业，投资者仅需遵循前文述及的投资总额和注册资本的比例，并向计划、商务、工商、环保、土地、规划等部门提出相关申请或备案，一般在2个月内即可完成项目公司的设立。

5.2 企业财税法律事务

城市水业企业，涉及的税种主要为企业所得税、增值税和营业税3种，其中对增值税的理解有着不同的观点，现分述如下：

5.2.1 企业所得税

根据《中华人民共和国企业所得税法》第四条：企业所得税的税率为25%。

根据《中华人民共和国企业所得税法实施条例》第八十八条企业所得税法第二十七条第（三）项所称符合条件的环境保护、节能节水项目，包括公共污水处理、公共垃圾处理、沼气综合开发利用、节能减排技术改造、海水淡化等。项目的具体条件和范围由国务院财政、税务主管部门商国务院有关部门制订，报国务院批准后公布施行。企业从事前款规定的符合条件的环境保护、节能节水项目的所得，自项目取得第一笔生产经营收入所属纳税年度起，第1~3年免征企业所得税，第4~6年减半征收企业所得税。

综上，在公共污水处理行业，自项目取得第一笔生产经营收入所属纳税年度起，第1~3年免征企业所得税，第4~6年减半征收企业所得税。

5.2.2 增值税

根据国家税法的相关规定，目前自来水的增值税率为6%。

污水处理费的增值税率，根据《财政部国家税务总局关于污水处理费有关增值税政策的通知》（财税［2001］97号）的规定，对各级政府及主管部门委托自来水厂（公司）随水费收取的污水处理费，免征增值税。但对于项目公司投资建设的污水处理厂应该向政府部门收取的污水处理服务费，并未见国家统一明文规定免征增值税。

例如，根据《江西省国家税务局关于企业经营污水处理厂征收增值税问题的批复》（赣国税函［2006］79号），除各级政府及主管部门委托自来水厂（公司）随水费收取的污水处理费免征增值税外，为其他企业和个人集中处理生产和生活污水属于提供委托加工性质的劳务，所收取的污水处理费应该依照有关规定征收增值税。

我们认为：

1. 该批复仅限于江西省境内适用，因为该批复仅仅是江西省国家税务局对南昌市国家税务局的批复。

2. 此处提到的"其他企业和个人"，应当理解为只是适用于：与其他企业和个人分别签署污水处理服务协议或类似协议的公司，不适用于向政府统一收取污水处理服务费的项目公司。

3. 在财税［2001］97号文中，免征增值税是为了加快城市污水处理设施的建设步伐，所以总体的指导思想应该是"免征"的。

4. 在各地的项目实践中，通常是项目公司将收取污水处理费的单据向政府主管部门或者特许经营协议项下的相对方提出，经其审核无误后，交由本级财政部门，直接支付污水处理费给项目公司，项目公司出具形式发票，税务部门要求征缴增值税的要求并不常见。

5.2.3 营业税

根据《国家税务总局关于污水处理费不征收营业税的批复》（国税函［2004］1366号）的规定，单位和个人提供的污水处理劳务不属于营业税应税劳务，其处理污水取得的污水处理费，不征收营业税。

第6章 城市水业企业项目执行法律事务

在水业企业项目完成招投标及谈判签约后，项目即进入执行阶段。主要为水业企业建设、运营和移交过程中面临的主要法律问题以及水业投资人的基本应对策略。

6.1 企业建设法律事务

本节主要讨论城市水业企业在建设阶段应注意的法律风险。目前在国内水业建设市场上，存在两种比较普遍的承包方式，即传统承包——项目的设计和施工分别发包给不同的承包商承担，和交钥匙总承包——工程的设计、采购和施工全部承包给一家承包商，承包商依固定的价格按时向业主交付符合规定规格的工程。传统承包模式存在一定的缺陷，因为当项目出现问题的时候，有时很难绝对地分清该问题是纯粹的设计问题还是工艺缺陷问题，当设计和施工不是由同一个承包商负责，那么项目出现问题的时候常常会出现相互推诿。而且项目设计往往会在施工的过程中被修改和完善，设计承包商和施工承包商如果不能协调相互之间的关系，那么出现争议的范围会更广、频率也会更高。

目前很多新建的水项目采用交钥匙总承包项目模式，这已成为一种发展的趋势，其特别适合对工期和费用的确定性有较高要求的项目，如通过私人项目融资而筹建的项目。下面根据国际和国内经验，分析交钥匙工程总承包模式应当注意的问题。

6.1.1 建设水项目的工程企业，所需要的资质

在中国，工程企业需要分别获得设计或者施工资质，才能从事相应的设计或者施工活动。根据《工程设计资质标准》，从事

水项目的设计涉及的相关资质包括市政行业的给水工程专业设计资质和排水工程专业设计资质以及环境工程专项设计专项资质中的水污染防治工程专项资质。以给水工程设计资质和排水工程设计资质为例，按照企业的注册资本和配备的技术人员等条件，分别分为甲级、乙级和丙级3个级别。其中具有甲级资质的企业承担本专业项目业务的规模不受限制；具备乙级给水工程设计资质的企业承担业务的范围为规模小于10万 m^3/d（净水厂）、20万 m^3/d（泵站）和1600mm（管径）的给水工程，具备乙级排水工程设计资质的企业承担业务的范围为规模小于8万 m^3/d（处理厂）、10万 m^3/d（泵站）、1500mm（管径）的排水工程；具备丙级设计资质的企业只能承担小型的项目。

水项目的施工涉及的相关资质是市政公用工程施工总承包企业资质。按照企业的注册资本和技术人员等方面的条件，该资质主要分为4个级别：特级、一级、二级和三级。特级资质的企业承担工程的规模不受限制，但施工单项合同金额必须在3000万元以上。一、二、三级企业可承担单项合同额不超过企业注册资本金5倍的项目，但二、三级企业除注册资本金方面的限制外，承担业务的范围还规定了具体的规模标准。

在总承包项目中，水项目建设单位往往把水项目的设计与施工合在一起进行发包，这就意味着承包商必须与业主签订一个工作内容包含设计和施工两方面的总承包合同。如果企业同时具备相应的设计资质和施工资质，则企业可与业主签订工程总承包合同并自己实施设计和施工工作。如果企业只具备设计或施工资质，企业仍然可以开展工程总承包。因为，《建设工程勘察设计资质管理规定》（"建设部160号令"）规定取得工程设计资质证书的企业可以从事资质证书范围内的工程总承包业务，而《建筑业企业资质管理规定》（"建设部159号令"）也规定取得建筑业企业资质证书的企业可以从事资质证书范围相应等级的建设工程总承包业务，但是必须把其无权限承担的设计或施工部分分包给具有相应资质的企业来承担。

6.1.2 工程合同文本

从 2003 年起，建设部颁布了一系列的规定，如 2003 年印发的《关于培育发展工程总承包和工程项目管理企业的指导意见》，2004 年印发的《工程项目管理试行办法》，至 2005 年印发的《关于加快建筑业改革与发展的若干意见》都在大力推行工程总承包制度，但是国家并没有统一的总承包工程合同文本。比较常见的做法是建设单位会采用自己制定的合同文本或根据国际咨询工程师联合会（"菲迪克"/FIDIC Federation Interna Tionale des Ingenieurs Conseils）的格式合同，按建设单位及项目需要对其进行相应的修改而成的文本。目前住房和城乡建设部正在制定《工程总承包合同示范文本》，有望于近期内颁布，该文本是参照 FIDIC 格式合同编写的，其推出将有助于工程总承包制在全国的全面推行。

6.1.3 施工前必须获得的许可和批准

在项目建设正式启动之前，建设单位必须从有关部门或第三方处获取各类批准和许可（包括建设项目规划意见书、环保审批、规划设计方案审定、设计审批、施工许可等）。借鉴国际工程一般经验，建议水项目建设单位可以通过谈判方式将获取此类批准和许可的责任转移给承包商，规定承包商须尽"合理的努力"获得此类许可或同意，或者直接将获得许可或同意作为项目协议和建设合同生效的前提条件。

但是，对于有国际运营商或承包商参与的外国或国际水项目，双方一般也会通过合同作出约定，业主应当按其所能根据承包商的要求，就其取得与合同有关但不易得到的中国法律文本以及中国法就城市水业项目要求的有关许可、执照或批准提供合理的协助。

6.1.4 现场和土地条件

水项目建设单位基于自身利益的保护，通常会通过让承包商负责调查及核实有关现场地下、水文条件及环境方面的资料把现场和土地条件调查不足的风险转移给承包商。但是，实践中，由于国内的招标制度和习惯一般留给承包商非常有限的时间来定价或投标，承包商往往因缺乏足够的时间或基于过高前期费用的考虑而没有对现场和土地条件进行仔细的调查和评估。由于承包商低估现场和土地条件相关的风险，在施工中很可能导致工期延误或不能按水项目建设单位的要求完成工程等严重的后果，尽管水项目建设单位可以依据合同要求承包商承担责任，但是由于工期延误或设施未达标而导致污水处理厂或供水厂不能如期完成并投入使用或无法达到国家相关标准和合同要求所带来的不良后果往往最终会由水项目建设单位以向相关政府机关支付逾期违约金或不达标违约金的方式承担。因此，在合同谈判中进行风险分配之初，业主应该考虑适当地分担该风险，如委托专人在项目前期对现场和土地条件进行适当的调查从而为承包商提供一定的信息，以便前来投标的承包商对项目工程能够作出准确的评价，尽量减少对设计、施工的影响。

6.1.5 前期工程设计（FEED）

前期工程设计是建设单位用来确定项目基本要求和方向常用的一种方法，在城市水项目中也很常见。在项目进行总承包招标之前，建设单位一般会委托工程设计院对项目进行一个前期工程设计，以理顺并具体化建设单位对项目的要求，并为随后的详细设计和施工的招投标奠定基础。

进行独立的前期工程设计就水项目而言有各种优点，对水务行业或其技术要求理解有限的水业商业投资人来说，前期工程设计一般能达到协助投资人对项目要求具体化的目的。此外，基于在前期工程设计中与建设单位的合作，承担前期工程设计的并具有相应施工资质的设计院也常常被邀请参与详细设计与施工总承包工程的投标,并中标成为承包商。这有利于前期工程设计在详细设计及施工中得到正确的理解和运用,也有利于项目工程设计和施工的整体管理,自始至终的设计和施工责任由同一主体承担,避免了前期设计和详细设计出现冲突或工程质量出现问题或不符合建设单位要求或工期延误时,前期设计承包商、详细设计承包商和施工承包商相互推卸责任的现象发生。因此建设单位在挑选前期工程设计承包商时,也应考虑其是否同时具备相应的工程施工资质。

6.1.6 设计责任

在总承包项目模式下,承包商对整个工程设计承担全部责任。前一段落提及建设单位先行委托设计院进行前期工程设计,并由该设计院负责详细设计及施工总承包是比较常见的,但是,如果建设单位最终决定不使用原来进行前期工程设计的设计院作为该工程的承包商,并将该前期工程设计成果委托给其他设计院且规定其对该工程设计全权负责的情况下,这就可能会引起一些争议。

在这种情况下,建设单位与承包商就应当在详细设计和施工合同中明确承包商对工程设计所承担的责任限度。这就避免了在设计交付给承包商之后,承包商对设计进行其认为必要的、使项目由不可建变为可建的修改,并以设计变更为由要求延长工期或提高价格的情况。但是,在建设单位和承包商的谈判过程中,建设单位能够在多大程度上谋得承包商承担全部设计责任,主要取决于市场的情形和双方的谈判筹码。如果市场上承包商和设备供应商短缺而需求量又大,那么建设单位将面临更大的困难来说服承包商承担全部设计责任。相反,如果提供给承包商的风险预备资金相对宽裕,承包商就有更大的动力来承担更多的风险。

在设计施工总承包的项目模式下,项目投资人一般都倾向于把所有的设计责任风险转移到设计施工承包商身上,但是实践中，不良设计的后果会在很大程度上影响水项目的运营。因此，建设单位在最初考虑设计风险分配时，应该考虑设计承包商承担及管理风险的能力，尤其需要确定承包商就水项目专项的设计能力和项目建设经验是否足够。

最后，水项目工程的设计和建造还必须符合国家颁布的各项供水和水处理标准。对污水处理项目而言，建设部颁布的《城市污水处理工程项目建设标准》是为项目决策服务和控制项目建设水平的全国统一标准，也是有关部门审查工程项目初步设计和监督检查整个建设过程建设标准的尺度。该标准适用于城市污水处理新建工程；改建、扩建工程和工业废水处理工程也可参照执行。对供水项目而言，水质指标必须符合国家标准化管理委员会（下称"国家标准委"）和卫生部联合发布的《生活饮用水卫生标准》(GB 5749—2006)。

6.1.7 不可抗力

在项目的建设阶段，有可能会发生双方都不能预见、不能避免并不能克服的情况和事件（包括自然灾害和人为事件），并导致建设阶段的延误，甚至无法按项目原来的要求完成建设，这些情况和事件被称为"不可抗力"情况和事件。为保护其利益及防范其财务风险，水项目企业应与公营水务机关在水务项目特许协议中确定双方由于发生不可抗力情况而导致水项目特许合同无法继续履行时双方的权利和义务。《中国合同法》第一百一十七条对"不可抗力"有明确的规定："因不可抗力不能履行合同的，根据不可抗力的影响，部分或者全部免除责任，但法律另有规定的除外"。由于中国法律对不可抗力的规定比较简略，为了有效保护合同各方的利益，可以在合同中对此作出比较详尽的规定。例如，为了防止水项目因不可抗力延误过久或承包商借口不可抗力中途退出，双方可以在合同中约定："如果建设单位或承包商因不可抗力事件不能全部或部分履行合同义务超过一定的时间（如连续90d)，则建设单位和承包商应协议决定：(1) 继续履行合同的条件；(2) 双方同意终止合同。如不能就以上 (1)、(2) 达成协议，则任何一方可以在不可抗力事件发生后一定时间内（如 180d）书面通知另一方解除合同。"

又如，对于具体哪些事件或情况构成"不可抗力"，相关法律只作了概念性的定义，并没有对其作出详细的列举，因此双方也可以把在合同谈判阶段已能预期的可能发生的不可抗力事件或情况在合同中详细规定不可抗力事件具体涵盖的范围，如果合同约定的不可抗力条款比法定范围广，那么超出的部分将被视为双方就项目特别约定的免责条款。

为了确保水项目企业对公营水务机关所承担的不可抗力风险能在合同层面上充分转移给建设承包商及其分包商，一般建议水项目的项目特许协议、总承包合同及分包合同中有关不可抗力的条款应保持一致。如果因时间或资源所限，未能确保各合同中不可抗力条款的一致性，且如果分包合同中定义的不可抗力范围比总承包合同广，则一般会建议水项目企业在总承包合同中约定该分包合同中超出的部分不得影响或免除总承包商对水项目企业的责任，以保护整个项目不受个别分包工程因不可抗力事件而免除分包商履行合同的义务而对整个项目的进度带来负面的影响。

6.1.8 合同责任限度

如同其他种类的、规模较大的基础设施建设项目的建设合同，在水项目建设合同中，双方当事人一般都会要求书面约定双方的责任限度。在国际和中国的水项目中，比较常见的有两种性质的责任限制。第一种是限制可赔偿的损失或损害的种类。如双方不对另一方的任何间接的或引发的损失或损害负责，但不包括在承包商因建设单位违约因而有权终止合同的情况下，建设单位应赔偿承包商因此项终止而遭受的任何利润损失或其他损失或损害。第二种性质的责任限制一般以责任上限的形式出现，即承包商根据或就合同对建设单位的全部责任，除双方约定的例外情况，不应超过双方约定的金额（如合同总金额或其一定的百分比)。

就第一种性质的责任限度而言,尤其是在大型项目中,"间接损失"涉及的金额可能非常巨大,这些间接损失有可能是建设单位向承包商寻求赔付的(如业务、利润和使用权损失),也有可能是承包商向建设单位寻求赔付的(尤其在市场对承包商需求殷切时)。因此在合同谈判之时,建设单位应充分考虑双方就间接或引发的损失索赔的可能性及金额,从保护其自身利益的角度考虑最佳的合同责任限制条款。

就第二种责任限度,即责任上限而言,如双方约定的责任上限为合同总价或其一定的百分比,则双方必须注意其向对方承担的责任上限是会根据合同金额(按照合同中约定的机制)的上下浮动而调整的。在合同中约定以合同价格的百分之一百作为责任上限的条款很常见。但在较大型项目(即合同金额逾亿的项目)中,承包商可能无法接受合同价格的百分之一百作为责任上限,因其赔付风险非常巨大。一般而言,责任上限的约定很大程度上取决于项目的规模以及项目的整体风险状况。

6.1.9 工期的延长

与其他建设合同一样,水项目的建设合同一般也会约定承包商有权获得工期延长的情形。但若项目是以总承包模式进行,则承包商有权获得工期延长的情形很有限。对于承包商获得工期延长的权利是否取决于其已采取措施避免或减轻延误,就国外水项目建设合同常用作蓝本的菲迪克银皮书而言,除在不可抗力的情况下,并未就承包商采取措施避免或减轻延误事件发生的可能性进行明确的规定,也未将采取此类措施作为承包商有权要求延长工期的前提条件。《中国合同法》基本上也同样要求索赔方采取措施减少其损失,但一般并不作为索赔(或申请延长工期)的先决条件。

承包商必须如期完成建设项目,一旦延误工期将会承担高额的赔偿(一般以双方约定的误期损害赔偿金的方式作出赔偿,但法院有权按实际损失、损害调整赔偿金额)。由于在总承包模式下,承包商不仅要承担施工而且也负责设计,而且随着设计的深入,建设单位可能会对图纸提出修改意见,并且图纸还要通过政府相关部门的审核,通常这个责任也会由承包商承担,工期通常都会延长。对于合同工期风险,建议承包商在谈判时将设计和施工分开,分别对工期进行谈判,而且仅仅固定施工工期,设计工期仅作为参考依据,不作为建设单位索赔依据。

6.1.10 试运行和竣工试验

以交钥匙方式总承包的水项目中,建设单位很少参与工程管理工作,工程建设的大部分风险由承包商承担,建设单位则是重点在工程调试阶段自己进行或见证承包商进行并通过试运行。一般来说,竣工试验包括三个阶段:(1)启动前试验,包括适当的检验和性能试验,以证明每项生产设备能够安全地承受下一阶段的试验;(2)启动试验,包括规定的操作试验,以证明工程能够在所有可利用的操作条件下安全地操作;(3)试运行。

水业项目竣工验收必须遵守相关的法律法规,就供水工程而言,《城市供水条例》规定,城市供水工程竣工后,应当按照国家规定组织验收;未经验收或者验收不合格的,不得投入使用。就城市污水处理厂工程而言,应当遵守建设部发布的《城市污水处理厂工程质量验收规范》(GB 50334—2002)。其中,某些条款为强制性条文,必须严格执行。

6.1.11 交接事宜

任何涉及基建工程的特许权项目都会涉及承包商与建设单位之间和建设单位与运营商之间的交接事宜。除了规定项目未完成竣工验收不得投入使用外,法律对项目交接事宜没有明确规定,承包商、建设单位和运营商可以根据项目的具体架构和要求,在相关的合同中加以规定。

在考虑承包商与建设单位之间的交接事宜时,一般会涉及到

以下几个问题:
1. 保修期起算;
2. 安排有关人员的交接培训,以使其明白如何操作相关设备及仪器;
3. 确保所有必要操作和维护手册、图纸及指示已提交建设单位,并督促承包商整理并提交合同档案和政府机关所需的技术档案资料;
4. 提供备用零部件及零部件更换手册;
5. 建设单位把承包商投保的建设保险交回给承包商;
6. 建设单位把大部分保留金返还给承包商,一般只保留较小的金额用以担保承包商继续在项目竣工后履行保修义务。

6.2 企业运营法律事务

本节主要讨论城市水业企业在项目投入使用后的运营过程中可能遇到的一些典型问题,包括地下水开采的限制及其对供水企业的影响、水价的调整和征收以及听证制度、二次供水、私有化的公用事业企业的用地问题、外国投资者分取折旧提前收回投资、特许经营权质押、饮用水标准和污水处理排放标准等等。

6.2.1 地下水开采的限制及对供水企业的影响

尽管目前中国水价的制定加入了许多行政因素,但是总的来说,市场条件下的水价主要取决于当地人口总量和经济发展情况。与此同时,地下水的开采也会影响自来水的需求量,从而影响到供水企业的投资收益。鉴于当前仍然存在严重违规开采地下水的情况,首先讨论有关地下水开采的法律规定及其对供水企业的影响。

虽然中国已经出台多部涉水法律法规,这些法律法规中对地下水管理和保护只是隐含在水资源、水工程之中作了一些原则或初步规定。

2002年8月重新修订的《中华人民共和国水法》（以下简称《水法》）对地下水所有权及其开发利用、开采管理等做出明确规定。对于地下水所有权，《水法》明确规定地下水资源属于国家所有，依法实行取水许可制度和有偿使用制度；地下水的管理与监督，统一由水行政主管部门负责（重要江河、湖泊由国务院水行政主管部门授权流域机构行使管理和监督职责）。对于地下水开发利用，《水法》明确各级地方人民政府应结合本地区水资源的实际，按照地表水与地下水统一调度开发等原则，合理组织开发和综合利用水资源。对于地下水开采控制，《水法》明确在地下水超采地区，县级以上地方人民政府应当采取措施，严格控制开采地下水；在地下水严重超采地区，经省、自治区、直辖市人民政府批准，可以划定地下水禁止开采区或者限制开采区；在沿海地区开采地下水，应当经过科学论证，并采取措施，防止地面沉降和海水入侵。[①]

2006年4月施行的《取水许可和水资源费征收管理条例》，是依据《水法》第七条和第四十八条的有关规定制订的。《水法》规定，"国家对水资源依法实行取水许可制度和有偿使用制度"（第七条），"直接从江河、湖泊或者地下取用水资源的单位和个人，应当按照国家取水许可制度和水资源有偿使用制度的规定，向水行政主管部门或者流域管理机构申请领取取水许可证，并缴纳水资源费，取得取水权。实施取水许可制度和征收管理水资源费的具体办法，由国务院规定"（第四十八条）。条例对包括利用机井等取水工程直接自地下取用水资源的行为，实行取水许可和征收水资源费，对"在地下水禁采区取用地下水的"不许办理取水许可；并把"统筹地表水和地下水的合理开发利用，防止地下水过量开采"和"与当地水资源条件和经济社会发展水平相适应"等一并作为确定水资源费征收标准时应当遵循原

[①] 全国人民代表大会常务委员会法制工作委员会，《中华人民共和国水法释义》，北京：法律出版社，2003年。

则。

政策方面，国务院办公厅2004年4月出台的《关于推进水价改革促进节约用水保护水资源的通知》对地下水的开采管理也明确了相应政策，"要综合考虑本地区水资源状况、产业结构调整进展和企业承受能力，逐步使城市供水公共网覆盖范围内取用地下水的自备水费高于自来水价格。地下水严重超采的地区，应加大水资源费调整力度，以限制地下水过度开采"。

上述规定比较分散，可操作性不强，因此目前规避取水许可、逃交水资源费开采地下水的情况屡见不鲜。地下水开采严重不仅造成诸多生态环境问题，也对供水企业的收益造成负面影响。有鉴于此，供水企业的投资人往往与政府谈判，换取政府关闭一定数量地下井的承诺。但是，实效又是如何呢？

典型案例——吉林四平供水项目

2000年6月，四平市自来水公司（下称"四平自来水"）与中法水务成立了四平中法供水有限公司（下称"合作公司"）。合作公司承担四平市区的地表水处理与供应责任。

鉴于当时四平市地下水的滥采、超采现象严重，四平市政府于合作公司成立时向合作公司出具了政府《承诺函》，对关闭相关地下井群等事宜做出了承诺。合作公司成立后，通过先进管理理念的引入和对第四水厂的自动化改造，使企业的管理水平得到了全面提升，供水水质得到了明显的改善。遗憾的是，由于受管理体制的制约及有关主管部门工作不力的影响，四平市政府并未切实履行相关承诺。在经济利益驱动下，四平市地下水的滥采、超采现象始终无法得到有效的遏制，致使合作公司供水量大幅下滑。

由于四平市政府未能遵守其承诺，直接影响了四平自来水的预期经济效益。四平自来水以此为借口，自2002年年初开始拖欠合作公司水费，至2004年拖欠费用已高达人民币3000余万元。这种情况造成合作公司大量拖欠生产材料费用、税款、员工工资福利等，更无法对设备进行正常的维修与技术改造，直接影响供水安全,合作公司面临停产危险。此后,虽经双方作出一系列努力,但是四平政府还是没有兑现承诺,四平自来水于 2006 年 9 月宣告破产①。

　　四平市政府不能兑现承诺,自备水源井现象不能制止,这些现象都事出有因。吉林省内地下水由省水利厅负责管理,自来水由省建设厅负责管理,而四平自来水隶属市公用事业管理局。中国由计划经济和单一产权运营结构向多样化市场经济转轨过程中,不可避免要出现部门条块利益的干预和地方利益膨胀,四平市就是这种情况。与电信、能源、电力等中央政府负责管理的行业不同,城市水业作为市政公用事业,其建设与管理的实际权限在于地方政府。市政公用事业的自然垄断性及产业属性决定了地方政府在服务、协调、监管职责体系中的作用,但是由于城市责任体系的缺位,形成各相关部门职能在具体管理中的分裂局面。当他们产生了利益冲突时,就无法全面协调和安排。这种体制已经不能适应现今城市水业市场化改革的进程,建立一个合适于行业发展的管理体制已经迫在眉睫。目前,有许多城市成立了统一管理涉水的机构——水务局,由"九龙治水"向"一龙治水"转变。

　　城市水业项目多采取公私合营(Private Public Partnership)的模式,合作中政府的信誉非常重要,投资者考察项目时,除了项目的经济效益因素,政府信誉占相当比重,因为它决定了长期项目是否能执行到底或提前终止的项目能否有合理的接管价。从地域因素看,中国东南沿海和经济较发达的地区,政府官员市场意识比较强,履约率高,投资者比较有信心,例如,2004 年中国水网举办了首次中国最具水务投资潜力的 10 个城市评选,结果依次是:北京、上海、深圳、广州、苏州、杭州、天津、厦门、南京、武汉/重庆/成都(并列)。但经济欠发达地区的政府

---

① 《四平项目拉开商会法律维权序幕》,http://www.h2o-china.com/news/52904.html,2007 年 12 月 6 日访问。

信誉度相对较低,政府在与私人资本合作中的毁约率较高,甚至政府换届都会影响到水务项目的生存。2004年曾经轰动一时的"长春汇津"事件从另一个角度再次折射地方政府违约带来的种种弊端。这一案件使得香港汇津公司一度退出中国,而长春市政府乃至吉林省政府的国际形象遭受重创,在很长时间内无法顺利进行国际招商引资工作。

中法四平事件、长春汇津事件等都已经凸现出中国城市水业市场化改革中的一些问题。这些都会影响到企业对政府的信任程度,进而影响到企业对水业改革的热情。这样一来,不仅对行业发展非常不利,也会影响地区的经济和社会发展等。地方政府为了达到引资的目的,把市政公用企业推向市场的同时,没有作出深远的考虑,无视自身作出的承诺。这些都需要作出深刻的反思,及时地制止此类事件的重复发生。

6.2.2 水价调整和征收以及听证制度

1. 水价管理

进一步提高水价是目前城市水业管理工作的重点。多年来,中国的水价在政府的管制下,价格一直偏低,不能真实反映水的稀缺性。为了达到节水和吸引投资者的目的,中央和地方政府正在积极出台政策调高水价,国务院领导人对提价也已经有多次批示。

1998年9月,为进一步规范城市供水价格,原国家计委和建设部联合制定和发布了《城市供水价格管理办法》,对城市供水实行分类水价。根据使用性质分为居民生活用水、工业用水、行政事业用水、经营服务用水、特种用水等五类。确定城市供水价格由供水成本、费用、税金和利润构成。供水企业合理盈利的平均水平应当是净资产利润率8%~10%。具体的利润水平由所在城市人民政府价格主管部门征求同级城市供水行政主管部门意见后,根据其不同的资金来源确定。主要靠政府投资的,企业净资产利润率不得高于6%。主要靠企业投资的,包括利用贷款、引进外资、发行债券或股票等方式筹资建设供水设施的供水价格，还贷期间净资产利润率不得高于12%。另外城市供水应逐步实行容量水价和计量水价相结合的两部制水价或阶梯式计量水价。

1999年的《国家计委、建设部、国家环保总局关于加大污水处理费的征收力度，建立城市污水排放和集中处理良性运行机制的通知》提出在供水价格上加收污水处理费，建立污水排放和集中处理的良性运行机制，污水处理费应按照补偿排污管网和污水处理设施的运行维护成本，并合理盈利的原则核定。

2000年11月的36号文件《国务院关于加强城市供水节水和水污染防治工作的通知》提出对小城镇及西部地区污水处理设施建设给予资金倾斜，对各地收取的污水处理费，免征增值税；对城市供水和污水处理工程所购置的设备可加速折旧。明确逐步提高水价是节约用水的最有效措施。要加快城市水价改革步伐，尽快理顺供水价格，逐步建立激励节约用水的科学、完善的水价机制。要提高地下水资源费征收标准，控制地下水开采量。全国所有设市城市都要按照有关规定尽快开征污水处理费。各地在调整城市供水价格和污水处理费标准时，要优先将污水处理费的征收标准调整到保本微利的水平，满足污水处理设施建设运营的需要。

2002年4月的《国家计委、财政部、建设部、水利部、国家环保总局关于进一步推进城市供水价格改革工作的通知》提出要推进水价改革，建立合理的供水价格形成机制，针对不同城市的特点，实行季节性水价，以缓解城市供水的季节性矛盾。合理确定回用水价格与自来水价格的比价关系，建立鼓励使用回用水替代自然水源和自来水的价格机制，加快城市污水处理和回用水设施建设。通过改革，建立以节约用水为核心的合理的水价形成机制。加大污水处理费征收力度，逐步提高水资源费征收标准。2003年底以前，全国所有城市都要开征污水处理费，并按流域或区域水污染防治规划和城市总体规划的有关要求，在

2006年底前建成相应规模的污水处理厂投入运行；已开征污水处理费的城市，要将污水处理费的征收标准尽快提高到保本微利的水平。要逐步提高自备水源单位的水资源费征收标准，理顺水资源费与自来水价格的比价关系，防止过量开采地下水，促进水资源的合理有效配置。该文件首次提出城市供水价格改革应同供水企业、污水处理企业的改革以及经营机制的转换结合起来。明确供水企业和污水处理企业改制的关键是引入市场竞争机制。大中城市的供水和污水处理企业原则上要在"十五"期间完成企业改制的各项工作，实现政企分开，划清政府与企业的责权，使供水企业和污水处理企业转变为自主经营、自负盈亏的经营实体。各地可以按照《公司法》的规定，结合当地的实际情况，进行供水和污水处理企业股份制改造试点，有条件的城市还可以进行厂网分开、竞价上网的试点，促进供水企业和污水处理企业加强内部管理，建立符合社会主义市场经济要求的经营管理体制。

2004年国务院办公厅36号文件《国务院办公厅关于推进水价改革促进节约用水保护水资源的通知》，首次明确规定了水价的四元组成（水资源费、水利工程供水价格、城市供水价格、污水处理费）。强调要合理调整供水价格，尽快理顺水价结构，扩大水资源费征收范围并适当提高征收标准。凡未征收的地区要尽快开征水资源费，并根据紧缺程度，逐步提高征收标准。逐步提高水利工程水价。按照《水利工程供水价格管理办法》的规定，将非农业用水价格尽快调整到补偿成本、合理盈利的水平。在审核供水企业运营成本、强化成本约束基础上，合理调整城市供水价格。优先提高城市污水处理费征收标准，将污水处理收费标准调整到保本微利水平。合理确定再生水价格，缺水地区要积极创造条件使用再生水。加快推进对居民生活用水实行阶梯式计量水价制度，未实施阶梯式水价的地区要争取在2005年底前实施。

事实上，在讨论水价对供水企业的影响时，应当区分纯制水企业和拥有自来水管网的供水企业进行讨论。对于纯制水企业，其销售对象一般为当地的自来水公司，而非终端用户，由制水企业与自来水公司协议约定的水价无须获得物价部门的核准。在这种情况下，制水企业往往与自来水公司约定一个价格调整公式。而事实上，在很多情况下水价并不会按照协议的约定进行调整，自来水公司拖欠水费的事情时有发生。面对自来水公司不同程度的违约行为，供水企业的投资人又该如何应对？有关这个问题，将在第8章具体论述。2002年3月11日发布的《外商投资产业指导目录》将原本禁止外商投资的电信和燃气、热力、供水排水等城市管网首次列为对外开放领域。有管网供水企业直接面向终端用户，这种水价称为自来水价格，自来水价格由政府主导，采用价格听证会制度。

2. 听证制度

自听证制度实行以来，价格听证成为最活跃、关注度最高的一项。2002年11月颁布的《政府价格决策听证办法》（下称《听证办法》）规定，制定（包括调整）实行政府指导价或者政府定价的重要商品和服务价格前，由政府价格主管部门组织社会有关方面，对制定价格的必要性、可行性进行论证。实行政府价格决策听证的项目是中央和地方定价目录中关系群众切身利益的公用事业价格、公益性服务价格和自然垄断经营的商品价格。政府价格主管部门可以根据定价权限确定并公布听证目录。制定听证目录以外的关系群众切身利益的其他商品和服务价格，政府价格主管部门认为有必要的，也可以实行听证。

2001年10月25日国家计委公布的价格听证目录包括居民生活用电价格、铁路旅客运输基准票价率（软席除外）、民航旅客运输公布票价水平以及电信基本业务资费中的固定电话通话费、月租费，移动电话费、月租费。此外，地方定价目录中关系群众切身利益的公用事业价格、公益性服务价格和自然垄断经营的商品价格，制定或调整价格时应当进行听证。自来水价格，作为关系群众切身利益的公用事业价格也是各地价格听证目录中的一项。目前,中国的价格听证制度有两点引起广泛的质疑,一是听证的公开,二是听证的程序。

价格听证是一项规范垄断行业经营行为、避免社会矛盾的制度创新。但是,价格听证能否起到预期的作用,经营者、消费者和政府能否基于透明公开的平台对话以期达到一个公正合理的价格,成为自价格听证实施以来纷争不止的一个难题。2006年9月10日,郑州市物价局关于郑州市城市供水价格调整听证会聚集了经营单位、经济学界和居民三类人群的听证代表,听证会就物价局的调价方案发出同一种声音:同意调整供水价格,通过率100%①。然而,如同其他许多此类听证会一样,此次听证会的透明度和公正性受到了广泛质疑。

《听证办法》规定,听证会代表应该具有一定的广泛性、代表性,一般由经营者代表、消费者代表、政府有关部门代表以及相关的经济、技术、法律等方面的专家、学者组成。政府价格主管部门应当根据听证内容,合理安排及确定听证会代表的构成及人数。可是,听证代表如何产生,价格主管部门如何"合理安排"代表构成及人数都没有可操作的具体规则。《听证办法》还规定,除涉及国家秘密和商业秘密外,听证会应当公开举行。对于公开举行的听证会,政府价格主管部门可以先期公告举行听证会的时间、地点和主要内容。此次价格听证既不透露代表身份,申请价格听证的企业也未按规定提交企业近三年的经营状况、职工人数、成本变化、财务决算报表等材料,其结果让人心生疑惑也在情理之中。何为"公开"?编者认为,仅公开以上信息显然是不够的,在听证会之前公开具体方案、听证代表名单,各方才能进行充分的讨论和准备,真正使听证会反映各方意见。公开的另一含义是,听证的过程应该公开。除了旁听代表,媒体的参与应该是最好的公开。此外,听证会之后的决策也应该公开,决

---

① 《水价听证会引发行业自律追问》,http://www.66wen.com/06gx/shuili/shuiwen/20060930/42490.html,2007年12月12日访问。

策中应对听证会中的主要意见有所说明。除了公开，程序是另一个影响听证会效果的重要因素。不管在立法层面还是执法层面，忽视程序是中国一个突出的现象，尤其在行政法领域。大家更关心的是实体法，但对于程序法，却往往不够重视，至今仍无一部完整的行政程序法典。程序是由各种细节组成的，比如如前所述的代表名额如何分配，代表如何产生，甚至代表发言时间的确定都应有一个明确的规定。但是国家计委的《听证办法》中对此没有量化的规定。

在长期的计划经济体制下，水价带有很多福利性的色彩；如今在资源瓶颈的制约下，原以为可以无限攫取的资源变成稀缺资源，决定其价格必然往上走。自来水涨价既然是大势所趋，为什么水价听证的涨价结果引起如此多的争议？关键是此等听证有单向听证之嫌。市民的不满集中在其公开性、透明度不够，听证的准备工作不够充分，听证过程不严谨，随意性较大等方面。郑州水价听证会并非遭遇质疑的个案，也引起了人们对听证制度的反思。舆论关注的焦点往往是听证制度中消费者权益的维护，事实上，作为经营者一方在与消费者及其政府博弈的过程中，能否维护自身的利益同样是值得关注的问题。如果听证的公正性和透明度无法得到保证，那么听证的作用何在，自然让人疑惑。经物价部门举办价格听证会确认的水价，基本不受市场影响。供水企业走向市场化后能否获得预期利润，在同等收费政策下，将取决于其经营水平和成本控制水平。尽管政府通常会答应当水价由于政府的干预而无法上调时补偿投资人，但政府对水价的制定与调整一直掌有绝对控制权。

作为水业的投资人来说，尤其关注的是申请自来水价格调整的条件以及在符合条件的情况下自来水价格调整的落实。那么到底在什么条件下，企业才能申请自来水价格的调整呢？对于水价的规定被业内人士引用最多的还要算近10年前（1997年前）由原国家计委和建设部联合制定的《城市供水价格管理办法》（下称"办法"）。办法第十九条规定了供水企业提出调价申请的条件，其中一项是"按国家法律、法规合法经营，价格不足以补偿简单再生产"。"简单再生产"的概念是什么呢？是不是说只要供水企业不亏损就不能申请自来水价格的调整。如果是的话，这与办法所明确的不同种类的供水企业的净资产回报率是否有矛盾？既然规定了净资产回报率，是不是可以以该回报率为参考来申请调整水价？另外，净资产回报率的计算方法以及计算公式中各个因素的确定都应当进一步明确，编者认为，有关部门应当对这个10年前的办法进行修订。在自来水价格调整政策不明确的情况下，对水业投资人能提供的建议如下：要求政府对水价进行某种方式的保障；要求政府将一些附属项目的优先权赋予投资人；选择经济发达、水价偏低且有较大上升空间的地区投资；选择居民对价格变动承受力强的地区投资；选择政府诚信度高的地区投资。

6.2.3 二次供水

在中国，一般而言，城镇饮用水好于农村，但近年来城镇饮用水污染问题日益严重，而二次供水的污染问题尤为突出。为什么原本符合生活饮用水卫生标准的水厂供水，到了用户使用时，水质会出现下降，甚至恶化为不合格水呢？除水源环境污染的因素外，二次供水常常是造成城镇饮用水污染的主要原因。

根据2007年5月起实施的《城市供水水质管理规定》(下称《管理规定》)，二次供水是指单位或者个人使用贮存、加压等设施，将城市公共供水或者自建设施供水经贮存、加压后再供用户的形式。《管理规定》同时规定，城市供水单位对其供应的水的质量负责，其中，经二次供水到达用户的，二次供水的水质由二次供水管理单位负责。二次供水管理单位，应当建立水质管理制度，配备专（兼）职人员，加强水质管理，定期进行常规检测并对各类贮水设施清洗消毒（每半年不得少于一次）。不具备相应水质检测能力的，应当委托经质量技术监督部门资质认定的水质检测机构进行现场检测。

虽然卫生部、建设部等部门颁布的相关规定中，对二次供水的质量提出了标准，但各城市往往更多地注重一次供水达标，而有意无意地忽略了二次供水管理。加强对二次供水的管理，保证用户用到符合国家水质标准的水，已是供水行业必须面临和解决的问题。

据西安市对二次供水造成水质污染进行的一项调查显示，造成水质污染的原因主要有以下几个方面：一是水池、水箱设计不合理造成水质的二次污染，表现为容积设计偏大、水池的构造形式设计不合理，无法保证水质安全；二是施工及结构不合理造成水质的二次污染，主要表现包括内部管网敷设不合理、水池的出水管设置过高或过低等；三是设施管理不善导致水质二次污染，不少城市的二次供水设施未按规定做到清洗、消毒、送检，甚至有的自交付之日起就没清洗过[1]。此外，居民住宅二次供水设施由物业企业负责，供水企业只负责至街坊管道为止，这种分割管理的体制，容易导致责任不清晰、服务不及时，甚至在居民报修、投诉后出现推诿、扯皮现象。因此，对居民住宅的二次供水设施实施统一改造并理顺相关管理体制，成为防止二次污染，提高供水水质的有力手段。

针对城市二次供水普遍存在的上述问题，取消二次供水，直接由供水企业将自来水送到每户居民家中成为当前改革的方向。2007年7月，上海市出台了《关于本市中心城区居民住宅二次供水设施改造和理顺相关管理体制的实施意见》(下称《意见》)。《意见》规定，从2007年起到2009年，用三年时间，基本完成上海市中心城区居民住宅二次供水设施改造任务，并逐步实现供水企业管水到表。

二次供水设施改造费用如何分担，管理移交工作如何协调，管水到表后水费如何分配，成为二次供水设施改造中供水

---

[1] 《西安市二次供水造成水质污染的原因分析及管理对策》，http://www.cnjlc.com/Article/200608/18730.html，2007年12月13日访问。

企业的投资人必须注意的问题。根据上海市该《意见》，居民住宅二次供水设施的改造资金按照政府补贴一点、供水企业自筹一点和住宅维修资金承担一点"三个一点"的原则筹措。水表改造费用和非商品房的水箱改造费用约 17.8 亿元由供水企业承担；商品住宅的改造费用约 7.9 亿元，由业主承担并在住宅维修资金中列支（水表改造费用除外）；非商品住宅的改造费用约 20.8 亿元（水表改造费用和非商品住宅的水箱改造费用除外），各区政府可根据各自改造任务和业主住宅维修资金的承担能力，按不低于 50% 的比例予以补贴，其余部分由业主承担并在住宅维修资金列支。供水企业管水到表后，水泵运行费仍由物业企业收取，水泵运行所发生的电费仍由物业企业按原渠道支付；二次供水设施日常维修养护由供水企业负责；上述费用由市物价部门在今后的水价和物业管理费调整中逐步解决。今后二次供水设施再次改造或大修费用由居民住宅维修资金承担。

6.2.4 私有化的公用事业企业的用地问题

《中华人民共和国土地管理法》规定，国家依法实行国有土地有偿使用制度。但是，国家在法律规定的范围内划拨国有土地使用权的除外。该法同时规定，经县级以上人民政府依法批准，下列建设用地可以以划拨方式取得：（一）国家机关用地和军事用地；（二）城市基础设施用地和公益事业用地；（三）国家重点扶持的能源、交通、水利等基础设施用地；（四）法律、行政法规规定的其他用地。2001 年 5 月颁布的《国务院关于加强国有土地资产管理的通知》也对严格实行国有土地有偿使用制度作出规定，应当严格执行《中华人民共和国土地管理法》、《中华人民共和国城市房地产管理法》关于划拨用地范围的规定，任何单位和个人均不得突破。

在中国，BOT 水务投资项目使用划拨土地的情况非常常见，而国有划拨土地如何进行抵押则经历了一系列法律和实务变迁，

大致经历了以下三个阶段①:

第一阶段:1999年10月1日即《担保法》实施之日起至2003年4月17日

该阶段不区分划拨土地与出让土地,对土地抵押要求到核发土地使用权证书的土地管理部门办理抵押登记即可;即对国有划拨土地的抵押未作特殊规定。

第二阶段:2003年4月18日即最高人民法院法释[2003]6号文实施之日起至2004年1月14日

该阶段对土地抵押作了进一步详细规定,区分国有划拨土地和出让土地抵押不同的操作规程和有效条件。2003年4月15日最高人民法院颁布了法释[2003]6号文——《最高人民法院关于破产企业国有划拨土地使用权应否列入破产财产等问题的批复》,该批复自2004年4月18日正式实施。从内容上看该批复主要规范了破产企业国有划拨土地应否列入破产财产的问题,但该批复第二条同时对国有划拨土地的抵押程序及抵押效力问题作了规范:"企业对其以划拨方式取得的国有土地使用权无处分权,以该土地使用权为标的物设定抵押,除依法办理抵押登记手续外,还应经具有审批权限的人民政府或土地行政管理部门批准;否则,应认定抵押无效。如果企业对以划拨方式取得的国有土地使用权设定抵押时,履行了法定的审批手续,并依法办理了抵押登记,应认定抵押有效。"根据上述规定,企业若以国有划拨土地作抵押,除需要到土地管理部门办理抵押登记外,还需要经过有审批权限的相关部门的批准。假如仅仅作了抵押登记而未就划拨土地抵押获得相关批准文件,则该抵押无效。

最高人民法院出具上述批复的法律依据是《城镇国有土地使用权出让和转让暂行条例》,该条例第四十四条和第四十五条

---

① 谢汉林:《关于"国有划拨土地抵押"的相关审批登记程序变迁》,http://www.chinalawedu.com/news/2006/1/li28953156341321600215504.html,2007年12月30日访问。

规定：以划拨土地使用权抵押的需经土地管理部门批准。最高人民法院据此作出上述批复，其意在于维护法律法规的严肃性，保护国有资产。但该批复的出台没有考虑土地抵押中的长期实际操作规程，即实践中土地管理部门只要求对于划拨土地抵押作抵押登记，并不要求进行专项审批。

第三阶段：2004年1月15日即国土资源部《关于国有划拨土地使用权抵押登记有关问题的通知》发布之日起至今。

该阶段对土地抵押的操作规程以行政规章的形式重新进行了界定，对于以划拨土地进行抵押的，只要到土地行政管理部门办理了抵押登记即视为经过审批，抵押合同有效成立。

2003年最高人民法院法释［2003］6号文颁布以后，引起一连串的问题，由于该文在颁布时单纯从法律角度考虑问题，忽略了在土地抵押实践中长期沿用的实际操作规程，从而导致将一大批银行借贷土地抵押合同归于无效，严重影响了银行资产的保全。在此情况下，国土资源部于2004年1月15日颁布了《关于国有划拨土地使用权抵押登记有关问题的通知》。该通知规定："以国有划拨土地使用权为标的物设定抵押，土地行政管理部门依法办理抵押登记手续，即视同已经具有审批权限的土地行政管理部门批准，不必再另行办理土地使用权抵押的审批手续。"通知下发后，最高人民法院于2004年4月对国土资源部的通知进行了转发，同时规定："从该《通知》发布之日起；人民法院尚未审结的涉及国有划拨土地使用权抵押经过有审批权限的土地行政管理部门依法办理抵押登记手续的，不以国有划拨土地使用权抵押未经批准而认定无效。已经审结的案件不应依据该《通知》提起再审。"

6.2.5 外国投资者分取折旧提前收回投资

根据《中外合作经营企业法》及其实施细则的规定，在企业合同中约定合作期满时，企业的全部固定资产无偿归中方，同时中外双方要按照有关法律的规定合同约定对企业的债务承担责任,在保证企业正常生产经营活动的情况下,外国投资者可以申请采取以下几种方式先行回收投资:(1)在按照投资或者提供合作条件进行分配的基础上,可在企业合同中约定提高外商的收益分配比例;(2)经财政税务机关审查批准,外国投资者可在企业缴纳所得税前以利润回收投资;(3)经财政税务机关和审查批准机关批准,外国投资者还可采取以经营收入、产品分成方式回收投资;(4)在合同中约定以固定资产折旧、无形资产摊销、开办费摊销等其他方式回收投资。

合作企业提取固定资产折旧,应按《外商投资企业和外国企业所得税法》及其实施细则的规定执行。但为了加速外方还本,企业还可以采取加速折旧法。固定资产由于特殊原因需要缩短折旧年限的,可以由企业提出申请,经当地税务机关审核后,逐级上报国家税务局批准。此处所说的由于特殊原因需要缩短折旧年限的固定资产包括中外合作经营企业的合作期比实施细则规定的折旧年限短并在合作期满后归中方合作者所有的固定资产。

此外,2005年6月财政部公布了《中外合作经营企业外国合作者先行回收投资审批办法》(下称《办法》)。《办法》所称的先行回收投资,是指中外合作经营企业中的外国合作者按照法律规定以及合同的约定,以分取固定资产折旧、无形资产摊销等形成的资金以及其他方式,在合作期限内先行回收其投资的行为。根据该办法,合作企业申请先行回收投资应当符合下列条件:(1)中外合作者在合作企业合同中约定合作期满时,企业清算后的全部固定资产无偿归中国合作者所有;(2)合作企业出具承诺函承诺债务的偿付优先于投资的先行回收;(3)先行回收投资的外国合作者出具承诺函承诺在先行回收投资的范围内对合作企业的债务承担连带责任;(4)合作企业依据法律及合同约定出资到位;(5)合作企业经营和财务状况良好,没有未弥补亏损。先行回收投资的审批机构为企业所在地的省、自治区、直辖市及计划单列市的财政机关。合作企业申请先行回收投资的,应当报送以下材料:(1)合作企业申请函,具体说明先行回收投资的总额、期限和方式；(2) 外商投资企业批准证书、工商营业执照（原件、副本）及复印件；(3) 合作企业合同和章程的复印件；(4) 中国注册会计师出具的合作企业验资报告；(5) 合作企业董事会或者联合管理机构关于本期先行回收投资方案的决议、合作企业拟进行回收投资当期经依法审计的财务会计报告、合作企业到期债务说明、合作企业及外国合作者债务承诺函等。

6.2.6 特许经营的收益权质押

建设部《市政公用事业特许经营管理办法》第十八条规定，禁止获得特许经营权的企业擅自转让、出租、质押特许经营权，擅自将所经营的财产进行处置或者抵押，否则主管部门应当依法终止特许经营协议，取消其特许经营权，并可以实施临时接管。那么怎样质押，才能既使特许经营项目能从银行融到资金，又防止投资人滥用这一渠道，利用项目套取和挪用资金，是实施项目需要解决的一个重大的财务和法律问题。

国际通行的做法，是在这类项目中采取有限追索项目融资方式。所谓有限追索项目融资，即以项目本身的资产和收益为质押获得银行贷款的一种融资和法律结构，这种结构非常适合那些投资额大、回收期长、收益不高但十分稳定的基础设施项目。项目公司在其股东投入股本金后，可以将项目资产和公司权益质押给银行，从银行获得贷款。当然，这种结构同时要求，项目公司只能为了建设和运营项目的目的质押，贷款资金不得挪作他用，银行使质押权人权利时，也不能像对一般质押债权那样，将项目拿去拍卖收回贷款，而只能采取"介入"和"替代"的方式，以使项目不中断运营和服务，进而保证现金流和债权人利益，并且，银行在行使权利前必须先知会政府，政府亦可先行使用自己的"替代"权。

2007年10月实施的《物权法》规定：债务人或者第三人有权处分的下列权利可以出质：(1) 汇票、支票、本票；(2) 债券、存款单；(3) 仓单、提单；(4) 可以转让的基金份额、股权；(5) 可以转让的注册商标专用权、专利权、著作权等知识产权中的财产权；(6) 应收账款；(7) 法律、行政法规规定可以出质的其他财产权利。有限追索项目融资方式下的收益权质押，是否可以按照应收账款办理，就成为值得探讨的问题。

物权法的一大特点在于法律条文中使用了一些新术语或者对一些术语有新用法，但是并没有对这些概念作定义。对所谓"应收账款"也是如此，应收账款应当具有以下权利特征：(1) 以金钱为给付标的；(2) 与商品提供或者服务提供相关联，多数情况下应当是权利人已经提供了全部或部分的商品或服务；(3) 应有确定应收相对人；(4) 账款金额应当相对确定。在水务项目建成投产之前，商品或服务尚未提供，收益权只是一种待行使的未来权利，但是其以金钱为给付，金额相对确定，又有确定的收款人，具备应收账款的上述权利特征。故可以将其作为应收账款办理质押贷款。

根据《物权法》的规定，以应收账款出质的，当事人应当订立书面合同。质权自信贷征信机构办理出质登记时设立。可见，应收账款质押为要式法律行为，其设立应当具备书面形式，且于登记时方得成立。当然，此质押合同的书面形式，不以于主合同外另行订立单独的质押合同为限，于主合同中约定质押条件的，亦属有效。

应收账款出质后，不得转让，但经出质人与质权人协商同意的除外。出质人转让应收账款所得的价款，应当向质权人提前清偿债务或者提存。

6.2.7 饮用水标准和污水处理排放标准

中国原有的《生活饮用水卫生标准》于 1985 年卫生部颁布，2005 年建设部又颁布了一个《城市供水水质标准》，也属于国家强制性标准。以前执行的标准，检测项目只有 35 项，其中关于无机污染物的检测项目居多，涉及的有机污染物、农药较少，而且其中根本没有检测如藻毒素等微生物的指标，这与近年来中国水污染致使水中有机物大大增加的形势严重不适应。有鉴于此，卫生部和国家标准委对原有《生活饮用水卫生标准》进行了修订，联合发布新的标准。新标准于2007年7月1日正式实施。

新的饮用水卫生标准具有三个特点：加强了对水质有机物、微生物和水质消毒等方面的要求，新标准中的饮用水水质指标由原标准的35项增至106项；统一了城镇和农村饮用水卫生标准；参考了世界卫生组织的《饮用水水质准则》，实现饮用水标准与国际接轨。鉴于各地具体情况不同，新标准中的水质非常规指标及限值的实施项目和日期由省级人民政府根据当地实际情况确定，全部指标最迟于2012年7月1日实施。

具体来说，新标准中的微生物学指标由两项增至6项，增加了对蓝氏贾第鞭毛虫和隐孢子虫等易引起腹痛等肠道疾病、一般消毒方法很难全部杀死的微生物的检测。饮用水消毒剂由1项增至4项，毒理学指标中无机化合物由10项增至22项，增加了对净化水质时产生二氯乙酸等卤代有机物质、存于水中藻类植物微囊藻毒素等的检测。有机化合物由5项增至53项，感官性状和一般理化指标由15项增加至21项。并且，还对原标准35项指标中的8项进行了修订。新标准适用于各类集中式供水的生活饮用水，也适用于分散式供水的生活饮用水。

在2003年7月1日之前，城镇污水处理厂污染物排放标准依然按照《污水综合排放标准》（GB 8978—96）执行。随着城市城镇污水处理厂的迅猛发展，急需建立一套专门的污染物排放行业标准。2002年12月27日，国家环境保护总局和国家技术监督检验总局批准发布了《城镇污水处理厂污染物排放标准》（GB 18918—2002），自2003年7月1日正式实施。

该项标准是专门针对城镇污水处理厂污水、废气、污泥污染物排放制定的国家专业污染物排放标准，适用于城镇污水处理厂污水排放、废气的排放和污泥处置的排放与控制管理。在此要特别提醒投资人注意的是，污泥处置是污水处理当中非常重要的内容，而且处理难度大，处理费用高，投资人在计算回报时应予充分考虑。

根据国家综合排放标准与国家专业排放标准不交叉执行的原则，该标准实施后，城镇污水处理厂污水、废气和污泥的排放不再执行综合排放标准。污水处理厂噪声控制仍执行国家或地方的噪声控制标准。对城镇居民小区、郊区村镇、居民点、工业企业内的居住区的生活污水处理设施污染物排放控制也按该标准执行。

6.3 企业移交法律事务

移交的概念源于 BOT（建设—运营—移交）项目。BOT 项目不仅仅包含了其字面上所代表的建设、运营和移交的这三个重要的过程，更是一种项目融资方式。这种融资主要是以项目本身资产和收益担保进行的融资，当然在实践中银行往往要求股东或政府出具一定的担保或提供某种支持，但这种担保或是支持只是辅助性的，这种项目融资具有有限追索的特性。

但目前国内水务投资项目除了 BOT 项目外，还有相当多的TOT（移交—运营—移交）项目，即政府将已经建成投产运营的基础设施项目移交给投资方进行运营；政府凭借所移交的基础设施项目未来若干年内的收益（现金流量），一次性地从投资方那儿融通到一笔资金，再将这笔资金用于新的基础设施项目建设；当经营期届满时，投资方再将项目移交回政府手中。在新建的水业投资项目中，很多项目采取了股东贷款的融资方式，或尽管是银行贷款但股东提供了全额的股东担保以及项目资产的担保，这种融资方式和 BOT 的有限追索的融资方式不同。就目前非常盛行的整体转让自来水公司股权的项目来说，这些项目大多要求在特许经营期满后将固定资产无偿移交给政府。

在中国部分有关 BOT 项目的法律法规，主要是原对外贸易经济合作部于1995年发布的《关于以BOT方式吸收外商投资的有关问题的通知》以及国家计委、电力部、交通部在同年联合下发的《关于试办外商投资特许权项目审批管理有关问题的通知》,只在后者提到了移交的问题,即"政府部门通过特许权协议,在规定的时间内,将项目授予外商为特许权项目成立的项目公司,由项目公司负责该项目的投融资、建设、运营和维护。特许期满,项目公司将特许权项目的设施无偿移交给政府部门。"另外,中外合作经营企业法实施细则规定,中外合作者在合作企业合同中约定合作期限届满时,合作企业的全部固定资产无偿归中国合作者所有的,外国合作者在合作期限内可以申请按照一定方式先行回收其投资,但是这一规定针对的是所有的中外合作经营企业,并不是针对BOT项目。编者认为,中国水业投资项目有关移交方面的法律规定有待完善,使移交和接收的双方都有章可循。

本节提及中国水业涉及产权移交的问题,主要讨论水务投资人为减小产权移交对其产生的影响应当采取的措施以及在产权移交过程中的一些重要事项。

6.3.1 减小产权移交对投资人的影响

1. 资产加速折旧

企业所得税法允许企业在一些特殊情况下申请对企业的资产进行加速折旧。这样一来,特许经营期满后资产就无残值或残值很低。当然,加速折旧和企业的特许经营期有密切的关系。现在很多水务企业的特许经营期最长可以达到30年,30年的期限足以将大多数水务资产折旧完毕。但加速折旧对特许经营期短的项目及在特许经营期内更新的资产是有很大借鉴作用的。

2. 先行回收投资

中外合作经营企业法以及相关规定允许外国合作方先行回收投资。财政部在2005年6月也发布了《中外合作经营企业外国合作者先行回收投资审批办法》,该办法第三条称,中外合作经营企业中的外国合作方按照法律规定以及合同约定，以分取固定资产折旧、无形资产摊销等形成的资金以及其他方式，在合作期限内先行回收其投资的行为。提前回收投资对于外国投资者的好处不言而喻，但这些法律上允许的有利于外方的政策却不是每个外国投资者都能在合同谈判中用足的。

3. 谨慎对待设备更新

如果特许经营期满后企业的固定资产要无偿移交给政府，那么投资者对资产的更新就需要特别谨慎。因为有可能刚刚更新几年的资产由于特许经营期的结束而导致这一资产的移交。在项目谈判中，政府有时候对折旧资金的使用情况规定的非常严格，如要求企业提取很高比例的折旧资金来进行资产更新。建议投资人不要轻易接受类似条件，因为在特许经营期终止或提前终止的情况下尽管固定资产要移交给政府，但没有形成固定资产的现金应当属于投资人所有。

4. 税务减免

产权转让一般都会产生税务的负担，如房屋土地的契税。如果企业取得的产权是有限产权，即该产权将在特许经营期满后无偿移交给政府，那么对于这种特殊情况下的产权转让是否可以申请税赋的减免呢？在这种情况下，企业并没有受让一个完全的产权，所以对这一转让全额征收一般意义上的产权转让税费有失公平原则；并且，此处还涉及特许经营期满后将该产权移交给政府时，政府是否应当再交税的情况，有重复征税之嫌。建议投资人应在谈判时有理有据地向政府争取某些税赋的减免。

6.3.2 产权移交过程中的注意事项

特许经营期结束后的移交方式取决于项目启动时签署的协议条款。目前国内特许经营期结束后主要存在两种移交方式：或者清算原有的项目公司，并且确定新的特许权人成立新的项目公司；或者由政府确定的新的特许权人经营原有的项目公司。

产权移交涵盖了很多内容，包括产权（包括不动产和知识产权)、技术的移交、合同的转让、人员的接收、恢复性大修、经营产生的持续性责任、保函的提取及解除等等。在此选择一些有代表性的事项进行讨论。

1. 项目的移交

在特许权签发之初，目前国内的做法多为政府当局将资产出售给特许权人，资产产权随之归属于特许权人设立的特殊目的公司。这在大型项目中尤其普遍。

这不同于某些国家的产权模式。在这些国家，当地政府出于政治原因的考虑或者政策的原因，通常避免将所有权转让给项目公司。因此，在特许经营期满时，根据项目公司是否拥有资产产权及项目公司是否清算，情况就显得不同。值得注意的是，目前中国法律规定，涉及大城市的城市供排水管道的建设和运营的项目须由中方控股。2007年12月施行的《外商投资产业指导目录》删除了对中等城市供排水管道项目的上述限制。

在特许经营期满时，如果选择清算项目公司，则如何将项目公司的资产移交给政府成为移交阶段的主要问题。但也有一种可能，即资产保留在项目公司内，由新的特许权人持有公司股份并继续经营。无论是清算项目公司还是将项目公司移交给新的特许权人，在考虑产权转让事宜时，应当兼顾不动产和知识产权。

(1) 清算项目公司的情形

国内的主流通行做法是，在特许经营期满后，固定资产无偿转让给政府。但是，也有政府为此一次性支付一笔金额的情况；若属此种情形，则当前的惯例是资产依剩余价值或账面价值转让，即依项目公司审计账簿内记载的资产价值转让，而不对资产进行评估。但也有约定按照届时评估价值进行移交的个别案例，这种方式会使将来的移交成本产生不确定性，对政府方的风险较大。

无论是无偿转让还是由政府一次性支付转让金，特许经营期满时关键的法律问题在于不动产的转让及转让涉及的税款。前文也已谈到产权的转让将会引起两次征税，一次是在特许经营期开始特许权人自政府处受让资产所有权时,一次是在特许经营期满后政府收回资产所有权时。无论如何,因转让而引起的征税应在项目规划的各个阶段,尤其是在讨论财务模型中加以考虑。国际运营商还应考虑政府一次性支付的情况下其向境外转移资金的成本。

1) 不动产和固定资产

项目协议在对转让资产的价值作出规定的同时,还应考虑特许经营期满时资产转让引起的交易成本。多数情况下,这种商业考虑主要由特许权人一方作出。但是,也非绝对如此;政府部门也应当考虑资产转让引起的交易成本。

即使资产无偿转让,转让给特许权人带来的税务负担仍然会被定价并通过提供服务或收取固定费用的方式转移给政府,因此,政府必须仔细考虑固定资产的转让架构以达到经济上的最优。同时还须注意,地方政府可能准许减免部分地方税,国家层面上的税费则是很难豁免的。

2) 知识产权

通常水项目总会依赖技术供应商专属的知识产权。发放特许权的政府也会规定,此类知识产权的有效期不应当随着特许经营期的结束而终止。

项目协议通常规定维持知识产权之有效性的义务,或者要求特许权人自知识产权提供方处获得一项承诺,即授予政府或以后的特许权人一项不可撤销且可转让的免费授权,以在特许经营期满后继续使用该知识产权。上述承诺甚至可能覆盖技术提供方未来对此技术所作的改进及实施。知识产权提供方通常会同意上述条件,但其一般会约定一个条款,规定政府或项目公司不得将此权利转让给予原知识产权提供方构成竞争之任何人士。

(2) 处置项目公司的股权

特许经营期满时,如果政府选择发放一个新的特许权,那么此时关注的焦点主要是项目公司股权的处置。通常,项目公司的认购人会在签订项目协议的同时就与政府签署一个协议,规定以后的特许权人如何通过股权购买协议购买项目公司的股份。

1) 出售股份

如果在项目初始时就确定将出售股份作为将来移交的方式,那么特许权人就要考虑遵守中国法律中有关股权转让的法律规定。与上述处置固定资产的成本一样,处置股权的成本也要计入财务模型。也就是说,在最初建立财务模型的时候,就应考虑将来处置股权的成本,以便能以一种更加经济的方式来运用这种移交方式,让政府和特许权人得到更多实惠。

与出售不动产和固定资产类似,出售股份的交易费用、地方税及登记程序都应予以考虑。此外,如果出售的过程涉及国际特许权人,还应考虑其将利润汇出国外的费用。

2) 知识产权

无论是在特许经营期满清算项目公司还是出售项目公司股权,所要考虑的与知识产权有关的事项大致类似。项目协议中有关知识产权承继人或知识产权股份转让的条件也大致相同。

一般来说,会要求特许权人是自知识产权提供方处获得一个承诺,即授予的知识产权在原特许经营期满后继续有效;项目公司控股权的改变不影响上述承诺。但是,如果采用出售股权的移交方式,知识产权提供方通常会要求加入一个限制性条款,即一旦项目公司的控股权发生变化,应对其进行通知,并且,若对将项目公司出售给它的一个竞争方,拥有否决权。

(3) 移交时的资产状况

无论以前述哪种方式移交,项目协议都应就资产及其在特许经营期满时的状况进行约定。这个部分存在很多需要谈判的内容,中国也不例外。多数国际项目之特许协议项下有关移交的基本原则同样适用于中国的水项目。

1) 维修和检查

无论使用寿命如何规定,政府通常要求移交给政府或下一个特许权人(或政府指定的第三方)的资产应当保持可供使用的状态。考虑到土木工程的使用寿命会比机械设备长,因此整个特许经营期间的日常维护和检查就会影响经营期满后、移交之时设备的剩余价值和维修成本。

也就是说，如果设备要以可供使用的状态进行移交，那么在特许期满之前机械设备就应得到维护（甚至撤换）。设备的供应商可能会被请来对设备进行更新，尤其是在项目协议中规定该供应商有义务实施未来知识产权的任何改进的情况下。人员培训和开发也可能提上日程。

鉴于多数资产的使用时间可能长达 20~30 年，因此极有可能在移交之前某个时间需对土木工程进行一次大规模检查，以便有足够的时间进行维修。特许合同可能规定，在移交前两年就开始移交检查和更新程序。有时候，在检查（及撤换）之外，可能还有专门针对机械设备的移交维修和维护计划、或者针对土木工程的补救计划。

鉴于维修和检查技术性非常强，所以在此只是从法律和合同的角度建议投资人对此内容详细予以确定，不要笼统地设定一个设备完好率，否则执行起来很困难。

2) 经营和维护保函

前述检查和维修的费用不会太大。政府通常在特许权开始之初要求特许权人提交一份经营和维护保函，就经营和维护费用及期满时的维修（或升级）费用进行约定。如果经营和维护保函的金额不能涵盖经营和维护成本，政府就会要求特许权人提高保函的金额，以便支付移交时或缺陷责任期限内发现的缺陷。

通过经营和维护保函存放的金额会因特许经营期间的经营和维护费用、采用的技术、项目的设计寿命、使用的技术的复杂性及期满移交前的检查规模而产生变化。

3) 缺陷责任期间

除移交前与资产修复有关的一般要求外，目前国内的实践显示，政府常常成功地在特许经营期之外就修复的资产再约定一个缺陷责任期间，该期间可能长达一年之久。

4）担保的解除

通常，经营和维护保函会在完成移交工作的一年后得以解除。也有可能，解除保函的前提条件是特许经营期满一年之内没有出现进一步的项目责任。除与缺陷责任有关的费用外，保函有时还会覆盖外来债务，包括与解决与第三方的争议支出的费用、解决与员工的争议支出的费用以及与污染事件有关的环境责任费用等。

2. 人员接收和培训

（1）专业人员的争夺

国内对于拥有水行业经营经验的专业人员的争夺日益激烈。到目前为止，对于互相猎取经过培训并能经营水资产的专业人员不存在明显的限制。但是，鉴于行业内此类"互挖墙角"的行为日盛，预计政府会在未来就此做出某些限制。

尽管这可能会为特许权人带来某些麻烦，但是中国水行业的发展现状显示，公众普遍呼吁引入此类限制。因此，政府可能留意前后特许权人之间对于专业人员的争夺，避免出现资产移交后缺乏专业人员来经营的情形。预计将来特许权人可能会被要求签署协议，规定特许经营期满时的人员安排，比如，约定在期满后一定年限内不得"猎取"员工。

（2）培训

与培训和员工接收有关的事宜和项目协议约定的移交方式基本无关。并且，考虑到新的特许权人必定会引入自己的运营技术和监控系统来运营资产，在特许经营期满出售资产并授予新的特许权的情况下基本不会对培训作出特别要求。

对于上述原则也有一个例外，如果在检查和移交的过程中进行了经营上的升级，那么在项目协议中可能会设置一个培训员工以使其熟悉新系统的义务，此类条款通常会通过供应合同转移给相关技术及知识产权的提供方。

无论是在特许经营期满清算项目公司还是出售项目公司股权，目前的实践显示政府通常希望保持对员工聘用条件的控制权。在出售项目公司股权的情况下，政府将与该新的特许权人协商员工聘用的条款和条件。而在清算项目公司的情况下，员工可能被转移到新的特许权人建立的新的项目公司，政府则会与新的特许权人协商员工聘用的条款和条件。无论上述何种情形，特许权人都被要求在特许经营期间就员工提供的服务承担责任。

3. 环境许可证和持续性责任
（1）环境许可证

项目公司申请获得的与环境有关的许可证可能会在特许经营期满之日即告过期，这包括与水和污水项目有关的取水许可和排水许可、或者与污水处理项目有关的污泥处理许可。

但是，因为某些原因，也有可能此类环境许可证的有效期长于特许经营期，或者其在获得延期后导致其有效期长于特许经营期。项目协议中可以约定，若属于此种情形，特许权人应在清算项目公司时将所有许可和执照转让给新的项目公司，或在出售项目公司的股权时保证此类许可和执照不因特许经营期满而终止。

（2）持续性责任

项目公司有时可能会因违反了环境许可证或执照，导致特许经营期满时出现未履行的义务，此类义务可能源于法律规定、法院或其他政府部门的行为。在这种情况下，除为解决与第三方或雇员的争议可能引起的费用外，上文谈到的运营和维护保函也应覆盖此类责任。

（3）运营协议

鉴于特许经营期满后出现的移交，特许权人往往要求运营商放弃禁止转让供应合同的权利。同时，可能也会规定特许权人有义务给予合理支持，以确保运营商能与政府或下一个特许权人达成协议以在移交过程中及移交完成后继续运营设备。

4. 提前终止

最后提及项目提前终止的情况。项目提前终止和特许经营期满进行产权移交是两种不同的情况。导致项目提前终止的原因主要有：政府主动终止、政府违约、特许权人违约以及双方当事人不可控制的其他原因（如不可抗力、法律变更等）。

提前终止与期满终止的最大区别在于产权移交的条件。与资产按账面价值转让或无偿转让的情况不同，在项目提前终止的情况下，存在一个资产评估机制。然而，无论如何进行评估，提前终止在财务上造成的结果往往是，因为终止理由的不同导致赔付金额的不同。无论因何种原因导致提前终止，特许权人获得的赔付金额取决于终止的原因以及谈判的结果。但2004年5月实施的《市政公用事业特许经营管理办法》要求，如果是获得特许经营权的企业在协议有效期内单方提出解除协议的，在得到主管部门同意解除协议前，获得特许经营权的企业必须保证正常的经营与服务。

第7章 城市水业企业争议解决及纠纷处理法律事务

7.1 当前水业企业面临的法律纠纷特点

当前中国社会正处于一个巨大的转型时期，经济发展的不平衡导致贫富分化日益严重，从而导致了社会矛盾的复杂化，甚至某种程度的尖锐化，如拆迁、破产、下岗、集团诉讼问题引发的纠纷等等。城市水业正是在如此的大环境背景下日益蓬勃发展起来，从资金实力雄厚的外资水业企业，到近年来如雨后春笋般崛起的民族企业，一时间华夏大地陷入了轰轰烈烈的水业竞争"大战"。这场空前规模的"战争"给中国水业带来了勃勃生机的同时也不可避免地导致了众多需要解决的矛盾和争议。

首先，由于水业行业本身运作的特殊性——特许经营行业，各水业企业必须要在当地政府的监督抑或指导下运行，政府在此时发挥着其行政管理的职能；但企业与地方政府之间签订的《特许经营协议》又在民商法的层面上将政府与企业拉在了同一水平线上，作为平等的民事主体协商约定各自的权利义务。在政府与企业之间发生有关特许经营的争议时毫无疑问应该适用民事诉讼规则来解决，问题之关键在于政府在水业行业中的多重角色，给其原本应清晰的民事主体资格上蒙上了一层令人扑朔迷离的面纱。其次，由于中国的社会大变迁背景，诸多老字号的国有企业需要进行彻底的改革以适应当今社会的需要。因此各企业在进行水务运作的同时也加入到了国有企业改制等政策性变更带来的巨大浪潮中。在新老交替期间出现的各种问题也是各水业企业可能要面对的。第三，水业行业作为关系国计民生的基础行业，各企业随时要面对来自社会各层面的监督，包括目前备受关注的环境问题。第四，在水业企业具体的经营运作中可能面对的种种风险带来的争议问题，比如支付问题、运行中断或停止、不可抗力等等。

当然，在各企业的具体经营运作过程中遇到的问题远远不止上述几点，但复杂的社会环境和几近惨烈的市场竞争，再加上法制建设本身固有的滞后性，使得目前城市水业的争议解决方式不能完全满足现实的需要。下文提及的几种方式均可用于纠纷的解决，在此无意评价哪种方式是解决水业企业争议的最佳途径，只旨在介绍几种可能性以供参考。

7.2 争议的非诉讼解决方式

多元化纠纷解决机制在广义上可分为诉讼和非诉讼两个大类。对后者，世界上比较统一的称谓是 Alternative Dispute Resolution（ADR），中文通常从其字面意义译作"替代性纠纷解决方式"，其实质性意义就是"非诉讼纠纷解决方式"。

当代国际比较法学家将 ADR 的共同性特征及价值概括为以下几个基本要素：

1. 程序上的非正式性（简易性和灵活性）。这主要是针对诉讼程序的复杂性和高成本及延迟等问题强调 ADR 的程序利益。

2. 在纠纷解决基准上的非法律化。即无需严格适用实体法规定，在法律规定的基本原则框架内，可以有较大的灵活运用和交易的空间。

3. 从纠纷解决主体角度，ADR 具有非职业化特征。除了简易小额诉讼等特殊情况外，诉讼程序原则上是以职业法官进行审判，由律师担任诉讼代理的，即由具有专门资格、经过专业培训的职业法律家所垄断。而 ADR，无论是调解或仲裁都可以由非法律职业人士承担，并可由非律师代理、或由当事人本人进行，使纠纷解决脱离了职业法律家的垄断。

4. 从 ADR 的运营方式看，具有民间化或多样化的特征，其中民间性 ADR 占据了绝大多数，同时兼有司法性和行政性 ADR。

5. 从纠纷解决者与当事人之间的关系看，ADR 的构造是水平式的或平等的。包括仲裁在内的 ADR 程序中，中立第三人并不是行使司法职权的裁判者（法官），当事人的处分权和合意较之诉讼具有更重要的决定意义。

6. 纠纷解决过程和结果的互利性和平和性（非对抗性）。这是当代世界对 ADR 价值最为认同的一点，也是 ADR 显而易见的优势。

在非诉纠纷解决机制中，由于 ADR 强调其他能够代替诉讼审判的纠纷处理解决方式，因而从制度上提高了协商谈判、调解、仲裁、咨询等诉讼外纠纷解决方式的地位和作用。其中，协商谈判是替代性纠纷解决方式（ADR）中最普遍的形式，协商谈判也是和解和调解的前提。

• 协商谈判

在现今通行的水务项目各协议，乃至建设部颁布的指导范本中，都把"友好协商"作为解决协议各方争议问题的首选途径。脱离开特许经营中政府监管职能的特殊性，水务项目协议是政府与水务企业在反复的协商与博弈过程中确定下来的各方合意的体现，在履行过程中发生的争议矛盾可能是因为各种具体情况变更而使双方原来达成合意的情况发生了变化，因此这样的争议矛盾同样可以通过各方的再度协商而达成新的合意。正是由于协商解决是由各方当事人自行通过再度协商解决争议问题，各方当事人对矛盾争议有着最深入的理解，因此解决争议的方法和最终结果可能是最适用于当事人实际的。此外，低成本、不受程序限制等都是协商解决的优势所在。当然，协商解决是各方当事人在产生矛盾之后而采取的补救措施，可能因当事人之间的固有矛盾而使新一轮的协商不能达成一致或者导致协商过程较为漫长；而且协商的结果的实现没有法律上的强制效力。

- 调解

调解是以仲裁机构、法院或其他第三者为调解人，使当事人互相礼让，自愿达成协议，从而解决纠纷的方法。调解的优点在于保密、和谐处理、手续简便、迅速、所费有限。在法院附设调解中，法院依职权主动对当事人运作的诉讼程序加强管理，要求法官在已经掌握的事实基础上，提出符合法律的协议解决方案，作为当事人合意的参照，促成和解，减少诉讼的对抗性，有利于公正的实现和对当事人权益的保护。中国的调解制度就被誉为是比较有效地解决纠纷的"东方经验"，近些年来，中国也开始反思在新形势下如何使"东方经验"发扬光大。最高人民法院近两年来制定的几个司法解释便是良好的开端：一是将人民调解委员会调处纠纷时制作的调解书，作为合同对待；二是法院强化诉讼过程中的调解工作，并在法院的主导下，通过独立调解人、协助调解人、和解协调人、司法确认调解（和解）协议效力等制度解决纠纷，从而节约司法资源，降低诉讼成本。

调解是一种重要的纠纷解决的机制。现代中国所采取的调解制度，是对传统的调解制度加以"创造性转化"后的制度，是作为国家正式制度（如诉讼审判）在基层社会的延伸，是一种服从于法律要求或者完善法律的手段，因而在中国法制现代化的形成过程中获得了某种正当性。与西方社会相比，中国的调解制度突出的优点在于简易性、灵活性、普遍性和自治性等。在解决社会纠纷保护公民权利方面起着更重要的作用，目前大多数社会纠纷仍是在没有正式判决前由法官通过调解予以解决的。

在水务行业的争议解决中，调解可能成为较为行之有效的方式。在水业企业与地方政府职能部门或当地企业发生争议时，当地政府的其他相关部门可以作为第三方对各方的矛盾进行协调。当然这需要调解者站在相对客观的立场上解决问题，避免地方保护主义的过度渗入。

- 通过仲裁解决纠纷

仲裁，是指民事纠纷的双方当事人达成协议，一致同意将争议提交第三方，由第三方对争议予以裁断的行为。仲裁的前提条件，是双方当事人有协议，且提交仲裁的事项是法律允许仲裁的事项及仲裁协议约定的仲裁机构客观存在。

与解决民事纠纷的其他方式相比较，仲裁有如下特点：

（1）对象和范围的特定性。这表现在两方面：一是如上所述，依法律规定，涉及人身关系的民事纠纷不可适用仲裁的方式解决；二是仲裁只能就当事人约定的事项进行。这就意味着，并不是所有的民事纠纷都可以用仲裁的方式解决；仲裁裁决有时只能针对当事人之间纠纷中的某部分问题作出，而解决不了整个纠纷所涉及的所有问题。

（2）程序的相对规范化。这主要表现为，在仲裁请求的提出、当事人就纠纷所涉及的有关事实和法律问题的陈述证据的提出及调查、仲裁员对争议的审理及判断等方面，都有较严格的程序规范。程序的相对规范化也使得当事人利用该程序解决纠纷要较利用协商和解和诉讼外调解付出更高的代价。

（3）审理和裁决原则上不公开，即案件的审理和裁决的结果原则上不向社会和民众公开。这是仲裁与诉讼最大的区别之一，从而也成为纠纷的当事人选择仲裁还是诉讼来解决纠纷所考虑的主要因素。这一特点，主要是基于保护当事人的商业秘密的需要，以及将纠纷给当事人在社会上造成的负面影响减少到最小的程度。社会实践中，许多商业机构选择仲裁而非诉讼来解决纠纷，往往就是基于对仲裁的这一特点的考虑。仲裁的这一特点在现今发生的一些通过诉讼来解决水业行业纠纷的案例中已经体现的较为明显。

（4）过程与结果既与当事人的意愿相联系，又与国家的司法制度密切相关。这主要表现在以下两方面：一方面，当事人在仲裁过程中，可以比较自由地充分反映自己的意愿，如果双方达成共识，仲裁的裁决原则上可以按当事人的意愿作出；另一方面，当事人可以利用国家的司法制度，在仲裁过程中和仲裁结果上来维护自己的合法利益，比如，在仲裁过程中可以申请财产保全,在仲裁裁决作出后,可以向有关法院申请执行仲裁裁决或申请撤销仲裁裁决。仲裁的这一特点,对那些希望在纠纷的解决过程中不要太伤害双方当事人的感情,但又希望纠纷的解决结果的实现能有法律手段作保障的当事人来说,是有相当的吸引力的。

仲裁除了具备上述特点外,仲裁员一般都是具有专业知识的人士,这一点与其他解决民事纠纷方式中的有关人员也有所不同,从而使得仲裁在解决某些涉及较强的专业知识的纠纷时,较其他解决民事纠纷的方式具有相当的优势。对专业性强的纠纷,当事人愿意选择仲裁,往往就是基于对仲裁所具有的这一特点的考虑。

非诉讼调解和仲裁等机制相继建立和运用,既适应了满足现代社会主体选择用多元化机制解决纠纷的需求,也有利于缓解司法和社会压力,减少讼累,减轻法院的负担,节约司法成本,加速纠纷解决,更好地维护社会秩序。

- 行政方式解决民事纠纷

用行政方式解决民事纠纷并不是严格意义上的 ADR,但在特许经营这个特殊行业中,行政方式可能成为解决水业行业纠纷的另一途径。目前中国立法并没有用行政方式解决水业纠纷的明确规定,但可从其他领域中的相关规定中寻找可借鉴的方式。

例如,《土地管理法》第十六条规定:"土地所有权和使用权争议,由当事人协商解决;协商不成的,由人民政府处理。单位之间的争议,由县级以上人民政府处理;个人之间、个人与单位之间的争议,由乡级人民政府或者县级人民政府处理。当事人对有关人民政府的处理决定不服的,可以自接到处理决定通知之日起 30 日内,向人民法院起诉……"

近现代以来的法治历史说明,随着社会的发展,纠纷的内容和形式,以及纠纷当事人和社会主体的需求变化了,纠纷解决机制也会随之发生相应的变化。如果不希望关系、情感方面的破裂,或者对于权益的要求不是很严格,那么他还可以选择协商和解、调解或仲裁等非诉讼纠纷解决方式;纠纷主体如果希望其权益得到充分实现,他可以选择诉讼解决。

7.3 通过诉讼解决纠纷

与其他解决民事纠纷的方式相比,诉讼具有如下特点:

1. 纠纷的解决者是代表国家的法院。这主要表现为在诉讼的过程中,法院是诉讼的指挥者和主持者,是纠纷的裁判者。由国家介入民事纠纷的解决,意味着纠纷的解决过程和纠纷的解决结果反映的主要是国家的意志,当事人的意志对纠纷解决的影响被削弱,纠纷解决结果的合法性,使得在其他纠纷解决方式中发挥重要作用的一些传统观念、社会道德以及在一定区域或群体中发挥重要作用的一些传统观念、社会道德以及在一定区域或群体中被认可但不合法的"情理"在诉讼中丧失了影响力。

2. 纠纷的解决过程有严格的程序。这主要表现为,从当事人提出解决纠纷的请求,到法院对纠纷事实的调查,以及法院对纠纷所涉及的事实的判断与对纠纷解决的法律的适用,均有一系列系统的步骤和程式。这一特点,是服务于法院查明纠纷所涉及的事实的需要,也是向社会显示法院代表国家公正解决民事纠纷的必然要求。

3. 纠纷的解决以国家的强制力作为后盾。这主要表现为,在诉讼过程中,法院有权对妨碍民事诉讼秩序行为的行为人采取强制措施,在必要时适用先行给付和财产保全制度,在当事人不履行法院判决时,根据当事人的申请或法院依照职权采取执行措施等。

通过诉讼解决争议体现了国家解决纠纷的权威性、合法性、规范性和强制性的特点,使得对抗性较强、矛盾较尖锐,冲突较为激烈的纠纷通过诉讼的渠道来解决,成为当事人通常一种选择。

第8章 中国城市水业投资的热点问题

8.1 固定回报

水业领域市场化的过程中,出现了地方政府为盲目招商引资,不切实际地给外资水务企业过高的承诺和固定回报的现象,给政府和企业造成巨额债务,比较常见并引发较大争议的是以特许权方式如BOT模式授予水业经营权的项目,为此中央政府从1998年起陆续出台了3个文件:国务院关于加强外汇外债管理开展外汇外债检查的通知(国发〔1998〕31号)、国务院关于进一步加强和改进外汇收支管理的通知(国发〔2001〕10号)以及国务院办公厅关于妥善处理现有保证外方投资固定项目有关问题的通知(国办发〔2002〕43号)开始清理固定回报项目。

但是地方政府在根据该3个文件执行清理固定回报项目的过程中,出现了各种阻力,清理结果也并非都尽如人意,外资水务公司也因此一度退出中国水务市场,外资水务的撤出被普遍解读为"水土不服"。清理较为成功的案例是上海市自来水市北公司成功地以谈判的方式完成从泰晤士水务公司(下称"泰晤士水务")手中购回1998年开始投入运营的上海市大场水厂的全部股份。上海市大场水厂是中国第一座以BOT形式建设的自来水厂,泰晤士水务投资约7000万美元,经营时限为20年,主要向宝山等上海西北地区供水,作为回报,上海市水务部门将逐年给予其建设补偿,并保证项目每年的固定回报率在 15%[①](据说这只是一个市场均价而已,而当时的银行利率为 9.7%)。自固定回报项目进入清理程序之后,2004 年 4 月泰晤士水务与市北公司签订了《上海泰晤士大场自来水有限公司股权转让合同》,把大场水厂转让给上海自来水市北公司。上海市水务资产公司一次性支付所有转让费用,包括剩余 15 年的建设补偿金。

  但是也从各大报章上可以看到不成功的清理案例,甚至起诉至法院,对簿公堂。2000 年 3 月 8 日,长春市排水公司与香港汇津水务公司(泰晤士水务麾下的公司,下称"香港汇津")签署了《合作企业合同》,共同投资建立并经营中外合作企业——长春汇津污水处理有限公司(下称"长春汇津"),期限为 20 年。同年 7 月 14 日,长春市政府颁布《长春汇津污水专营管理办法》(下称"管理办法")。2000 年底,该项目投产后运行正常。然而,2003 年,长春汇津在追讨污水处理费的过程中发现,长春市政府在 2003 年 2 月 28 日以《合作企业合同》违背风险共担、利益共享原则,具有大量保底条款和固定回报条款,属于国家明令禁止的变相对外融资举债的"固定回报"项目为由,废止了《管理办法》。但是香港汇津公司认为,废除《管理办法》等于摧毁了长春汇津成立及运营的基础,影响了企业的正常经营权力和利益,于是提出行政诉讼,要求判令政府承担赔偿责任。一审认为该污水处理项目属于国务院国办发(2002)43 号文件规定的保证外方投资固定回报的项目,判决香港汇津败诉[②]。后来该公司上诉至高院,该案件经过长达 2 年的诉讼,最终以双方和解、政府回购长春汇津结束。尽管一审的判决没有生效,高院也没有对长春汇津一案做出最终的定论,但是长春市政府用如此严厉的措施处理固定回报项目使政

---

  ① 《上海自来水市北公司正式接收大场水厂》,http://www.h2o-china.com/news/viewnews.asp?id=24399
  ② 《长春汇津污水处理有限公司诉长春市人民政府案一审结案》,http://news.h2o-china.com/finance/information/244091073879280_1.shtml

府的信用受到极大的挑战。

固定回报项目的清理一时间在各地被炒得沸沸扬扬，由于相关清理固定回报项目的文件和法律法规中均没有给出"固定回报"的确切定义或法律界定，这就给清理固定回报项目工作造成了障碍、争议和混乱，同时不少政府也乘此机会，不管难度多大，以严格执行中央文件为借口，单方面变相违约，提前结束执行中的BOT项目。严格界定什么是固定回报项目对中国水业的市场化发展具有重要的现实意义，否则各地不统一的操作方式和地方政府对中央文件执行中朝夕令改的解释所造成的混乱水市场，不仅会使两败俱伤的局面（不仅水务企业吃了不少暗亏，政府也因此负担巨额的需要在未来长期偿还的经济债务）继续延续，更会打击外资继续投资中国水务市场的信心，也会对目前中国正在积极推行的公用事业市场化工作产生极大的负面影响。

那么如何定义固定回报项目？BOT项目中的"照付不议"条款是否属于固定回报？

在界定固定回报之前，需要了解固定回报出现的历史原因及中国相关政府部门作出清理固定回报项目决定的目的。

固定回报项目的产生有其特殊的历史原因，在20世纪80年代末90年代初，城市化进程很快，各级城市政府财政无力支付巨额基础建设的资金，银行借贷难度越来越大，土地收益空间越来越小，国债资金额度有限，外国政府贷款成本奇高且得购买指定设备，世界银行在对各国政府贷款时，越来越以当地政府私有化其自来水厂作为条件（国际调查记者联盟（ICIJ）的调查显示，在1990～2002年间，世行利用其金融影响力使BuenosAires、马尼拉和雅加达的一些私营公司获得了大型的水私有化项目[①]）；但城市水处理不论在供水方面的普遍服

[①] 《声音私有化不是水管理的惟一解决方案》，印度 Navhind 时报，作者：Satyendra Pratap Singh。

务、水质提高还是污水处理，用水户和居民的愿望与需求越来越大，上级政府和社会舆论的要求越来越严。因此可以说利用外来资金进行水处理设施的建设实在是"迫不得已"，也顺应了国际水业私有化的潮流。

　　投资水务可以获得比较稳定的现金流，市场风险小，一开始便受到外国投资者的欢迎。但由于城市水业的特性是垄断而非竞争性，任何国家的政府对水业市场化都会采取谨慎的态度，因此市场化就会有一个渐进的过程。刚开始的时候城市自来水管网一直没有开放（管网涉及国家安全及公众健康），投资者不能直接面对最终用户销售产品，加之中国水价长期以来都实行低价政策，政府过多地平抑物价，导致水价不能反映市场供需的要求。这种厂网分离的经营模式使得外商在对中国的水务市场进行投资之时不得不慎之又慎，为了避免政策上的风险，外商往往要求高额的固定回报或补贴以降低经营风险。当时各地政府由于缺乏政策上的指导，又急于引入外资，再加上对特许经营经验不足，也就轻易满足了外商的要求。当时签订的固定回报项目固定回报率多数高达15%~21%，与当时的银行利率相比，可以说是"高利贷"了①。但现实是在执行项目的过程中，随着人们生活水平的提高以及节水意识的提高，自来水用水量并没有如预期的跟随经济的快速发展而大幅上升，因此经营回报并不如预期的那样好，自来水公司的年利润仅在6%~8%，甚至更低，这离向外商承诺的高固定回报相去甚远。为了继续履行合同，政府不得不拆东墙补西墙，甚至出现几个水厂项目来养活一个采用固定回报的外资项目的现象。固定回报项目如若不做及时清理，中央政府也会因此被累及。中国长期以来实行外汇管制，外商为了保证能把投资收益转回本国，一般都会要求将固定回报自由换成外汇，这在外商投资项目中很常见。但是在固定回报项目中，一旦项目运营失败，利润不能达到预期，地方政府就会入不敷出，长此以

---

① 《中央政府清理"洋水务"的背后》，南方周末，作者：柳剑能。

往那么补贴就会层层上移,以外汇支付高额固定回报的风险就转嫁到中央政府,固定回报项目也就变成了"变相举借外债"了①。

在政府为固定项目背负沉重债务的同时,外资水务却因政府给予的固定回报而获得暴利。如沈阳自来水总公司与香港汇津公司投资合作的沈阳第九水厂项目中,合同规定的投资回报为:第 2~4 年,18.50%;第 5~14 年,21%;第 15~20 年,11%。据介绍,汇津在前 5 年就已经拿回了全部投资本金,剩下的 15 年就是回收利润了②。

正是由于不平等的固定回报项目使地方政府单独承担经营风险,因此已经不堪重负,而且这对中国水业发展的影响将是长期的,因此中国政府才下定决心清理不平等的固定回报项目。但是在 1998~2002 年国务院三次要求清理固定回报项目中,由于没有对固定回报作明确的界定,因此很多 BOT 项目和准 BOT 项目受到极大的冲击,被责难含有固定回报条款。被归入固定回报项目的理由便是政府在 BOT 项目中做出的最低水量承诺,这就是"照付不议"条款。那么"照付不议"条款是不是就是固定回报?

根据国发[1998]31 号文的规定,固定回报应解读为:在合作方式上违反收益共享、风险共担的原则;在回报来源上超出了项目本身的收入范围;在回报方式上承诺产品价格或收费水平。而根据国发办[2001]10 号文的规定,按投资额来确定回报比率的做法是属于固定回报。固定回报的实质是用项目融资或股权融资的形式,变相实现固定利率的商业贷款的行为。在外方与中方合作过程中,不管项目经营业绩如何,外方通过固定回报,只享受固定的收益,不承担任何经营风险。真正典型的固定回报项目是"北京控股"获得的北京水源九厂一期的经营权,

---

① 《中央政府清理"洋水务"的背后》,南方周末,作者:柳剑能。
② 《沈阳水业 后洋务时代变局》,华商晨报。

合同中约定的固定回报率为14%,但该水厂的建设、运营、管理仍由自来水公司负责,项目运营的结果与"北京控股"无关①。

但是在 BOT 项目中,承诺最低水量的"照付不议"条款并不符合固定回报项目的实质内容。"照付不议"条款是国际 BOT 项目的通行做法,也是基本准则。最低水量的承诺是企业取得投资回报的基础,是在企业无法面对最终用户做销售所采取的一种保本不亏的手段,基于此企业也仅能维持盈亏平衡。而且"照付不议"条款只是帮助投资者降低了部分投资风险,投资者在经营 BOT 项目的过程中仍需面对和承担很多其他各种类型的风险。例如在污水处理 BOT 项目中,由于项目的投资规模大、建设运营时间长和运营成本变动大,投资者必须要确保能合理的控制和处理市场风险(获得最低水量的承诺是降低该风险的有效途径之一)、相关各方的信用风险(如参与项目的任何一方产生信用危机,那将会影响整个项目的运营)、法律风险(例如,政府政策的不稳定而导致项目提前结束或不得不修改合作协议)、建设风险、运营风险、技术风险和融资风险等。因此项目公司即使获得了"照付不议"的承诺,也不等于项目必定能获得成功,投资者必定能获得固定的投资收益。这和商业贷款是有本质区别的,商业贷款中的贷款人只管收回本金和利息,借款人的经营好坏与贷款人没有关系。

那么应如何解读 BOT 项目中"照付不议"条款产生的固定回报争议?在推行以 BOT 形式经营水业的初期,政府签订含有"照付不议"条款的合同时,并不熟悉 BOT 项目规则和合同条款的确切含义或影响,在谈判过程中由于占有主动地位,因而很少聘请到精通 BOT 项目运作的、经验丰富的专业法律顾问,这就导致政府在签订项目合同的过程中,没有经过仔细的研究、合理科学的预期和周全的考虑就承诺了很多做不到甚至都没有搞清楚

---

① 《城市水业的 BOT 及其法律问题》,清华大学环境系和中国水网。

的义务。

另外,"照付不议"条款有其合理性。设想,在供水企业不拥有管网的情况下,如果没有一个最低购水量的话,这个供水企业将面临极大的风险。管网拥有方有权调配供水企业的供水量,如果某个城市的供水企业不止一家,那么由私人投资的供水企业可能在投入了巨大资金后,面临有水无处卖或无法卖出足够的水量以维持企业生存的局面。即使某个城市只有一个供水企业,但此供水企业也面临着不断新建的供水企业对它日后供水量的威胁。

首先,为了保证水量的稳定增长,政府会做出关闭自备井和小水厂及扩大供水区域的承诺,但是承诺容易,实践难。随着水价的上涨,自备井也越来越多,中央政府三令五申要求关停自备井,有些地方政府连续发了3个红头文件,自备井仍然存在,自来水用水量不增反减。以邢台市为例:该市每年9500万 m^3 的公共供水能力完全可以满足公共供水管网覆盖范围内工业及生活用水需求。为此,该市政府早在2003年就发布文件,要求自2003年10月10起,至2004年底前全部完成市区内自备水井关停工作。而据邢台市城建指挥部办公室今年3月份呈报市政府的报告显示,该市规划区内原共有372眼自备水井。从2003年10月10日开始到2004年底共关停自备水井166眼;从2005年1月至2005年底共关停自备水井48眼,市区内仍有自备水井158眼[1]。关停自备井难的关键原因在于有些纳税大户或地方强势企业并不是政府部门想管就能管得了的。

再者,某些政府部门在招商引资的时候,总是希望做大项目、夸大水量从而可以获得更多的投资额,也能体现该届政府的政绩。就拿广东廉江最大的一个招商引资项目廉江中法塘山水厂为例,该项目引资1669万美元,但建成后却空置了8年。在合同中约定了保底水量:投产的第一年每日购水量不得少于6万 m^3,第二年每日购水量不得少于6.5万 m^3,第三年每日购水量不得

---

[1] 《自备井与供水企业生存之惑》,河北工人报,作者:王书军,李建辉。

少于 7 万 m³，第四年起每日购水量不得少于 8 万 m³。但事实却是廉江市 1998 年平均日供水量为 2.06 万 m³，2001 年平均日供水量为 2.1 万 m³，而 2006 年的供水量仅为 2.6 万 m³[①]。现实的用水量增长速度与约定的增长速度相去甚远，应该说是荒唐，但这个问题却是全国不同地方的水项目市场化和特许经营实施过程中普遍存在的。

水量的预测确实是一个重大课题，必须考虑中国经济高速发展对城市用水量的影响，要为未来留有发展的空间和余地，否则就会再次遭受目前电力短缺产生的困境。基于此种考虑，政府在规划该地区水业发展计划之时，就必须从城市的定位、城市发展的趋势和速度、城市的产业结构、城市用水规律等各方面，对将来用水量做科学的分析，否则就会出现大问题。广东廉江塘山水厂的可行性研究报告是由广西壮族自治区城乡规划设计研究院及广东省中山市自来水工程设计室于 1995 年 9 月编制的，其得到了廉江市政府、市规划局、市自来水公司的支持和协助[①]。虽然是专业人士在做该可行性研究报告，但是其内容大都缺乏可信的数据和科学的研究，都是由政府领导决定，设计院只是把领导的意思反映到书面，形成文件而已，而企业尽管在签订合同之前也会做尽职调查，但一般都会相信政府出具的权威水量规划。这是政府决策和体制问题，即使不采用 BOT 模式，政府在投资公共工程时也会采用这样的领导操控的操作模式，只是没有外部资本的参与，之后出现的很多问题都被掩盖了。政府不能把自己前期的草率决策和落后的体制问题带来的后果转嫁给投资者。

随着 2002 年供排水管网对外资的开放（2007 年外商投资指导目录中只把大城市供水管网的建设列入限制类目录，取消了对中等城市管网建设必须中方控股的限制），城市水业的市场化更加深入，也解决了水厂单元与城市水系统的人为割裂、投资者无

[①]《广东廉江引资 1669 万美元建成水厂后空置 8 年》，广州日报，作者：邱敏、关家玉、李颖。

法面向最终用户的问题。

对于采用 BOT 或准 BOT 模式运营水项目出现的固定回报争议，应该对此严格加以区分，政府不能利用对固定回报项目的清理，变相违约提前结束 BOT 项目。政府应吸取教训，重新正视 BOT 项目的复杂性和长期性，正确认识 BOT，这是有效利用 BOT 融资模式的基础。

8.2 城市水业企业维权

城市水业由于受到供排水管网的限制（供排水管网从禁止私人投资者进入到开放并不顺利），其市场化是市政公用事业市场化过程中出现问题最多，系统最为复杂的领域。在市场化运作的过程中，有的案例在初期是非常经典的并很快在其他地方被模仿和复制。但是经过时间的推移，由于缺乏经验，很多之前没有考虑周全的地方或弊端都开始逐渐显现出来，有的企业在中国水业改革中失败了，尝到了项目中途被政府回购的苦果；有的还在维持经营和退出合作项目这两难中徘徊；有的企业为了保住项目，维护其作为投资人的利益，而与政府和项目合作方不停地谈判，着力寻求各方满意的解决方法。对于长期处于政府规划、投资、建设的水业服务而言，从政府垄断经营转变成市场化经营必定会遇到一些障碍，那么投资者应如何有效地在经营水业服务的过程中跨越这些障碍，维护自己的权利和利益呢？编者将分析水业市场化过程中所出现的问题及其原因，并为已经或将要进入水业领域的企业提供一些有益的建议。

政府信用危机似乎成为所有问题的焦点，也成了外商投资中国水业最大的风险。而拖欠明确规定在外商与政府或中方签订的合同中的水费，是政府违约最直接的体现。诚如之前文章中所述，在城市水业市场化的初期，产权改革首先在具有生产性质的水厂或是污水处理厂铺展开来，而埋藏于地面之下的管网系统就暂时被分割成另外的一部分，并不纳入市场化的范围之中。这样就形成了水厂或污水处理厂经过改制以后以企业化的方式运作管理,管网产权依旧保留在政府手中进行管理和运作的局面。这种市场化模式的弊端很快就暴露出来。就拿以特许经营模式建立的污水处理厂为例,污水处理厂的厂区通过 BOT 招标引进社会资金建设,排水收集管网则由政府负责投资配套建设。由于配套的管网建设资金来源无保障,往往不能按时配套完工,造成污水处理厂建成后无法运营。这是 BOT 项目中常见的配套项目协调问题,在 BOT 招标合同中一般对影响 BOT 项目投产运营的配套项目的建设有明确的约定,如果在合同规定的期限内没有完成管网建设,致使污水处理厂不能如期投产而产生的风险应由负责管网建设的政府承担。因此尽管污水处理厂没有投产,政府仍要面临按照合同规定的水量支付污水处理费。这只是在项目前期遇到的、对项目的长远运营影响并不是很大的一个小问题而已,一般通过合同的约定都可以获得比较合理的解决方案。

这种厂网分离的水业市场化模式出现问题最多的是在项目的运营阶段。由于最初经营供排水管网受到限制,生产性水厂或污水处理厂不能面对最终用户进行销售,而只能销售给控制供排水管网的自来水公司(国营),这也就意味着外方无法控制或保证污水处理量或自来水销售量。由于中国的自来水供应(无论是居民用水还是工业用水)一直由政府统筹规划,经营管网的自来水公司完全可以从新建的其他水公司买水,再加上建设经营污水处理厂和水厂需要投入较大的资金而成本回收却需要较长的时间,在无法面对最终用户进行销售的情况下,外方投资者为了降低投资风险,通常会对水量和水价做出约定。在项目的经营过程中,外方将会面临的风险很多,在此着重讨论与水量相关的政府违约及投资者如何合理有效地维护自己的合法利益问题。

首先,自来水厂购买的水量能够达到约定的最低水量要求,但是自来水厂由于各种原因长期拖欠水厂或污水处理厂的水费。

该种类型的政府违约对投资者产生的风险较小,因为自来水厂能够遵守约定的最低水量要求就说明对项目供水量的预期比较合理，市场上最终用户的消费能力及其增长幅度符合投资预期，那么自来水厂也就会有比较稳定的收入来源；由于自来水厂自身的管理效率低下或缺乏资金没有进行必要的设备更新等客观原因而导致管理成本居高不下、收费率不高，从而最终影响向水厂或污水处理厂支付水费或污水处理费，这可以通过与自来水厂协商的方式解决。

　　自来水厂经济效益低下，长期亏损的现象是体制问题。在相当长的一段时间里，城市供水企业被视同为政府的一个福利性机构。再加上尽管供水管网在2002年时已经放开，但在全国绝大多数地方仍是由政府经营的自来水厂独家经营，具有垄断性，消费者（用户）对自来水这一产品的不可选择性、销售对象的固定性、产销量的稳定性，形成了经营无风险的特点，企业经济效益好与坏不会涉及企业与职工的切身利益。这些经营优势使供水企业滋长了傲、惰等不良作风，企业缺乏进取心，也不具备服务意识。由于外部缺乏竞争压力，内部缺乏激励和约束机制，出现了管理效率低、人力成本高现象。而且供排水管网也普遍出现老化，没有资金进行定期更新维修，很多地方都存在偷、漏、滴等水资源浪费现象。有些地方水费回收困难，水费欠缴严重，例如经济效益差、处于长期亏损状态的其他国有大中型企业长期拖欠水费，最终破产时，水费也就不了了之。企业经营成本核算也不十分严格，加上缺乏科学合理的价格机制以及财政补贴制度，自来水厂的亏损已经成了全国普遍的现象。因此针对这种因国有企业体制问题引起的长期拖欠投资人水费或污水处理费的情况，采取极端的诉讼或仲裁方式解决问题不仅收不回拖欠的水费，反而会破坏与政府的长期合作关系。

　　为了实现水厂或污水处理厂的长期运营及实际经济效益，投资者可以与自来水厂协商帮助其提高管理水平和/或改进设备以减少漏损，提高收费率。当然企业的管理体制改革需要时间，尤其是国有企业，改革其管理体制涉及的不仅是一个企业的效益，社会效益，更是企业员工的生计问题。但是，由于公用事业企业可以享受政策性亏损,一般现实中政府又很难判断企业亏损中哪部分是政策性亏损,哪部分是经营性亏损,因此自来水厂亏损都被认为是政策性亏损,可以获得政府补贴,导致了企业的低效率,更加失去了改革的动力。因此投资者需要与当地政府直接沟通,促使政府通过补贴来帮助企业归还拖欠的水费。当然,投资初期城市的选择也很关键。投资者在最初选择城市进行水业投资的时候,应当选择经济较发达的大中城市,国有企业的改革意识及社会的影响力较不发达城市相对强一些,自来水厂亏损导致长期拖欠水厂水费的违约现象也就相对容易解决。

但如果是自来水厂有能力支付水费而故意拖欠情况,那么投资者在通过友好协商、寻求政府干预之后,仍无法获得满意的解决方案,那么诉讼或仲裁是比较有效的手段。

其次,自来水购买量达不到约定的最低水量要求,合作的中方通常会以该约定违反公平原则,理直气壮地违约,如之前所提的廉江项目,在其项目合同中规定,廉江市自来水公司向塘山水厂购买其生产出来的自来水,在塘山水厂投产的第一年每日购水量就不得少于 6 万 m^3,每年都会以一定的比例递增,而事实上廉江市 2001 年平均日供水量为 2.1 万 m^3,到 2006 年,供水量也仅为 2.6 万 m^3。根本不可能达到合同约定的供水量。当然,实际用水量达不到约定的数字的原因可能是多种的,如项目的可行性研究报告中对用水量的预期过于乐观;政府没有实现关闭企业、居民自备井的承诺等。政府或自来水厂领导换届,新一届政府或企业领导人不愿意继续履行或承认上一届政府签订的不合理的、给政府或企业带来巨大财政负担的合同、承诺,那么,与实际相去甚远的最低供水量的约定,将是新政府或自来水厂违约的一个很好的借口。

如何解决政府因无法达到最低水量违反合同?如何才能维护投资者的利益?

前述中已经提到中央在清理固定回报项目的过程中没有对固定回报作明确的定义,很多地方政府借此机会以遵守中央规定清理固定回报项目为由提前终止合同,变相违约。对于政府的不诚信、轻易承诺又随便违约的行为,投资者也有一定的责任。尽管政府在出具可行性研究报告,预测未来水量之时,为了扩大政绩、吸引外资常常会夸大项目的各种数据,但是投资者在做出决策之前也应当对项目、对政府的履约能力和违约风险做出合理的评估和预期。在中小城市进行水业的投资,进入的门槛低,但是政策变化及政府的诚信度可能并没有大城市可靠,但是总的来说,无论是何种城市,政府的诚信问题任何人都无法保证,投资者可以考虑向多边投资担保机构(Miga)投保政治险以规避因政府违约而造成的损失。

但如果事实确实是对用水量的预测过于乐观,实际用水量几年甚至十几年都无法达到约定的标准,约定的回报率也确实很高,那么投资者应该考虑放平心态,根据其投资并参照原建设部规定的自来水利润不高于其净资产回报率的 $6\% \sim 12\%$ 的标准进行调整,与政府重新达成协议,从而继续项目的运营。当然投资者也可以重新约定调价公式的方式达成新的协议。投资者需要注意的是在投资者作出妥协,与政府达成新协议时,应当充分考虑和评估该政府是否在修改合同之后真的能够诚信地履行新的合同。

由中法水务在四平市投资的遭遇可知,投资者在进行与政府的重新谈判时,必须考虑政府的诚信程度以及继续履行合同的能力和意愿。为了降低政府不履行承诺、自来水公司继续不履行新达成协议的风险,避免进一步遭受损失,投资者在签订补充协议之时,应注意在补充协议中加入保护性条款,比如,可以约定如果政府/自来水公司在一定的期限内不履行新达成的协议,那么该新达成的协议无效,双方之间的权利义务仍按原合同确定。如果双方最后还是需要通过诉讼或仲裁来解决争议,那么该条款对投资者在损失额的计算上就会有相当大的影响。另外,为了防止政府/自来水公司恶意终止,即在修改了合同后故意终止合同,那么建议水业投资人在修改合同时要对终止赔偿条款的设定和让步的幅度采取谨慎的态度。

厂网分离经营模式带来的风险在水务市场开放初期由于政府经验不足、考虑不周是不可避免的。之后，政府逐渐意识到把水厂与水网割裂，单独进行改革，是不切实际的，也存在许多隐患，有些已经爆发，有些可能还没被发现，这最终会成为供水企业市场化、产业化运作的障碍，目前国内许多城市的供水企业基于这一模式改革实践的失败已经是最好的证明。水厂与水网是一个整体，只有整体的优化调度、均衡供水，才能保证管网的运行效率的提高、服务压力的均衡，才能保证整个平均制水成本的降低，从而使公众受益。

在厂网统一经营的模式下，投资者来自政府的风险就相对少很多，政府授予特许经营权之后，企业将面对最终客户，水量和价格风险就不能再转嫁给政府，所有的经营风险也就应由企业自己承担。企业应通过提高自身的管理水平来保证自己的投资回报，如通过对旧设备进行更新改造，实行一户一表，对工业企业供水，签订详尽的供水合同，如果企业出现拖欠水费的现象，那么就可以按合同的约定采取必要的措施。